KB044286

101%를 만드는 사람,
홍보인의 일

101%를 만드는 사람,
홍보인의 일

2023년 9월 4일 초판 1쇄 발행

지은이 송나래

펴낸이 김은경
편집 권정희, 이은규
마케팅 박선영
디자인 황주미
경영지원 이연정

펴낸곳 ㈜북스톤
주소 서울시 성동구 성수이로7길 30 빌딩8, 2층
대표전화 02-6463-7000
팩스 02-6499-1706
이메일 info@book-stone.co.kr
출판등록 2015년 1월 2일 제2018-000078호

ⓒ 송나래
(저작권자와 맺은 특약에 따라 검인을 생략합니다)

ISBN 979-11-93063-07-1 (03320)

'쏘스'는 콘텐츠의 맛을 돋우는 소스(sauce), 내 일에 필요한 실용적 소스(source)를 전하는 시리즈입니다. 콕 소스를 찍어먹듯, 사부작 소스를 모으듯 부담 없이 해볼 수 있는 실천 가이드를 담았습니다. 작은 소스에서 전혀 다른 결과물이 나오듯, 쏘스로 조금씩 달라지는 당신을 응원합니다.

- 이 책은 저작권법에 따라 보호받는 저작물이므로 무단전재와 무단복제를 금지하며, 이 책 내용의 전부 또는 일부를 이용하려면 반드시 저작권자와 북스톤의 서면동의를 받아야 합니다.
- 책값은 뒤표지에 있습니다.
- 잘못된 책은 구입처에서 바꿔드립니다.

북스톤은 세상에 오래 남는 책을 만들고자 합니다. 이에 동참을 원하는 독자 여러분의 아이디어와 원고를 기다리고 있습니다. 책으로 엮기를 원하는 기획이나 원고가 있으신 분은 연락처와 함께 이메일 info@book-stone.co.kr로 보내주세요. 돌에 새기듯, 오래 남는 지혜를 전하는 데 힘쓰겠습니다.

008
101%를 만드는 사람,
홍보인의 일

sauce
as a
source

내 일에 필요한
소스를 전합니다

송나래 지음

북스톤

관계를 만드는 거의 모든 일의 중심에서

"부장님은 어떻게 9년을 다니셨어요?"

홍보대행사에서 함께 일하던 팀원들이 곧잘 제게 했던 질문입니다. 다른 팀에 비해 낮은 연차의 팀원들로 구성되어 있었으니 그들이 보기에 전 화석 같은 존재였을 겁니다. 홍보 업계 특성상 3~4년 차 대리급이 되면 인하우스(기업 내 소속된 홍보실 또는 홍보조직) 또는 타 대행사로 이직하는 경우가 많다 보니 더욱 특이해 보였나 봅니다.

"재미있어서요."

저의 대답에 의아한 눈빛과 함께 '대체 뭐가?'라는 표정을 짓는 친구들에게 황급히 설명을 덧붙였습니다. 어떤 날은 PPT 몇 장으로 몇 억짜리 프로젝트를 수주하고, 어떤 날은 팝업스토어를 열고, 또 어떤 날은 신문에서만 보던 유명한 임원진을 상대로 미디어 트레이닝도 간다고 말이죠. 즐거움에 끝이 없듯 경험의 확장에도 끝이 없음을 저는 홍보대행사에서 일하며 느낄 수 있었습니다.

저는 중견기업 홍보팀에서 홍보인으로서 커리어를 시작했습니다. 처음 일을 배울 때는 매일 뜬구름 위를 걷는 느낌이었습니다. 하루하루 요청받은 보도자료를 쓰고, 웹 배너를 걸고, 채널을 관리하는 일련의 작업을 '왜' 진행해야 하는 건지 몰랐거든요. 그저 해오던 양식에 맞춰 진행하면 큰 문제 없이 결과물을 만들어낼 수 있는 시스템 속에서 그렇게 하루하루를 보냈습니다.

1년 반의 인하우스 홍보팀 생활을 마치고 홍보대행사로 이직을 결심한 이유는 머리와 손발을 모두 쓰고 싶다는 열망 때문이었습니다. 어떤 기획을 할지 치열하게 '머리'로 고민하고 세부 결과물을 직접 '손'으로 만들어내며 '발'로 뛰어 책상머리의 기획을 결과물로 완성시키는 경험을 하고 싶었습니다.

그 모든 걸 해내는 일이 바로 '홍보Public Relations'니까요. 홍보는 '관계'를 다룹니다. '언론 관계', '정부 관계', '대국민 관계', '소비자 관계'. 미국 PR협회는 PR을 "조직과 그 공중Public 간에 서로 유익한 관계를 형성해주는 전략적인 커뮤니케이션 과정"이라고 정의합니다. 여기서 '공중'은 마케팅이 주 대상으로 삼는 '소비자'에 국한되지 않고 일반 대중, 언론, 정부 또는 사내 직원까지 포함되죠. 수요자의 범위가 넓은 만큼 '홍보'가 제공하는 서비스의 영역 또한 매우 넓습니다. 저는 그 '서비스의 영역'을 '경험의 확장'이라고 생각하고요.

팀원 채용 인터뷰를 할 때, 늘 던지는 '빈출 질문'이 있습니다. "홍보와 광고의 다른 점이 뭔가요?" 이제는 너무 고전적인 질문인지 대부분의 면접자가 제대로 된 답변을 합니다. 광고는 마케팅의 한 영역으로 돈을 지불하고 상품이나 서비스를 미디어 또는 옥외 시설에 노출시키는 일을 의미합니다. 즉, 마케팅의 한 도구로서, 투자수익률ROI, Return On Investment 산출 지표 중 투자investment 에 들어가는 비용이며 '매체집행' 범주에 속합니다.

홍보는 어떨까요? 홍보는 공중을 대상으로 하여 커뮤니케이션 전략을 도출하고 수행하는 일입니다. 여기서 눈여겨볼 키워드는 '전략'과 '수행'입니다. 대중을 대상으로 한 커뮤니케이션 목표는 다양합니다. 인지도 제고, TOMTop of Mind(소비자가 여러 가지 경쟁 브랜드 중 맨 처음 떠올리는 브랜드로 시장점유율을 추정할 수 있는 브랜드 지표) 강화, 평판 구축 등 다양하죠. 각각의 커뮤니케이션 목표에 따라 홍보인들은 광고를 기획할 수도, 매체 인터뷰 피칭 Pitching을 할 수도, SNS 인플루언서 행사를 준비할 수도 있습니다. 쉽게 말해 대중과 관계 맺기 위한 판을 짜고 실행하는 겁니다.

대중과 관계 맺기 위해 판을 짜고 실행하는, 즉 머릿속 생각을 현실로 만들기 위한 실무 전략은 3가지입니다. 제안하고 실행하고 소통할 것. 흔히 '홍보'라고 하면 어떤 상품이나 서비스가 완성된 후, 어떤 이슈가 발생한 후 그것을 알리는 일이라고 생각하죠. 일견 맞기도 틀린 말이기도 합니다. 새로운 형식과 이야기, 현장을 만들어 제안하는 적극적인 활동에 가깝기 때문입니다. 100퍼센트짜리 상품이나 서비스를 출시했다고 해도 사람들에게 알려지지 않으면 그건 0퍼센트짜리 결과나 다름없습니다. 평범한 이슈도 홍보인이 어떻게 기획하고 빌드업하느냐에 따라 101퍼센트 가치를 지닐 수 있고요. 현장에서 더 나은 방법이 보인다면 동료들과 함께 이를 구현할 수 있는 일이기도 합니다. 흔히 생각하는 상품이나 서비스에서 출발한다고 해도, 요즘처럼 양질의 신상품이 쏟아지는 때 홍보를 통해 만든 1퍼센트의 차이는 전혀 다른 결과를 불러올 수 있습니다.

그래서 홍보인의 일은 가치가 있습니다. 홍보대행사에서는 실무 인력을 'AE'라고 부릅니다. 프로젝트의 거의 모든 일을 한다는 의미로 'Almost Everything'의 약자라고 놀리기도 하는데요, 한때는 이 웃픈 별명이 너무 싫었지만 지금은 아닙니다. Account Executive, 즉 프로젝트의 중역, 프로젝트에 대한 책임감이 막중하고 중요한 사람이라는 것을요. 프로젝트의 관여도가 가장 높고 실무의 주축이기 때문에 개개인의 전문 역량이 중요한 셈이죠. 개인의 역량으로 회사 이익에 직접적으로 기여하는 직업이 몇 개나 있을까요.

넷플릭스 드라마 〈에밀리 파리에 가다〉를 보면 홍보/PR 에이전시 직원의 삶을 들여다볼 수 있습니다. 파리의 형형색색 화려한 패션, 극중 여주인공이 파리 지사에서 근무하며 겪는 사랑과 커리어… 정말이지 말도 안 되게 멋져 보입니다. 이미 짐작했겠지만 에밀리는 서울에 없습니다. 파리에, 아니 드라마에만 있죠. 홍보회사의 직원이 고객사를 설득하거나, 화려한 오피스룩을 입고 셀럽들과 소통하는 일은 1할이나 될까요.

고객사별 니즈가 다르고 수행해야 하는 홍보 업무의 영역은 광범위합니다. 하루 종일 컴퓨터 앞에 앉아 파워포인트와 씨름하고 택배에 치이죠. 하고 싶은 말보다 상대가 듣고 싶은 말을 고민하고, 가끔은 내 잘못이 아니지만 읍소하는 상황을 견뎌냅니다. 커뮤니케이션이 전문 영역이니만큼 우리 일에 정답은 없습니다. 이제 막 시작하는 이들에게 가혹한 업業일지도 모르겠네요.

정답은 없지만 방도는 있습니다. 선배의 피땀 어린 피드백을 받고 눈물 콧물 빼며 도제식으로 배우던 홍보인의 일을 찬찬히 들여다봤어요. 동료, 팀장으로서 AE들을 일대일 교육했던 때도 되짚어봤습니다. 초보 홍보인이 조금 더 수월하게 프로젝트를 운영하고 성장할 수 있도록, 쓸데없는 감정소비와 야근을 더는 데 이 책이 부족하나마 도움이 되었으면 하는 바람입니다.

앞서 말했듯이 홍보의 영역은 무궁무진하기에, 저는 초보 홍보인들을 괴롭히는 4가지 업무를 중심으로 정리해보려 합니다. 먼저, 1장에서는 커뮤니케이션이 업인 홍보인이 밥 먹는 것보다 더 많이 하게 될 '회의'를 대하는 자세에 대해 말씀드릴게요. 이건 홍보인뿐만 아니라 비즈니스를 하는 사람이라면 갖춰야 할 가장 중요한 기본기이니까요.

2장에서는 홍보인에게 요구되는 글쓰기의 종류와 자료 작성법을 말씀드릴 예정입니다. 초보 홍보인의 통통 튀는 아이디어가 필요한 디지털 콘텐츠는 여러분에게 맡겨두고 저는 기업의 공식적인 언론 홍보 자료를 구성하는 법을 이야기해보려 합니다.

3장은 홍보인의 존재 이유, 기획력에 대해 살펴보죠. 아무리 좋은 아이디어도 추진이 되어야 의미가 있겠죠. 당장 기획안을 가져가야 하는 여러분들이 알아야 할 데이터 수집 방법과 협업 가이드, KPI 설정 등 콘텐츠를 만드는 데 챙겨야 할 구체적인 사안들을 알아봅니다. 4장은 홍보인이 빛나는 이유인 '실행'에 대해 이야기합니다. 홍보 일의 가장 멋진 부분은 자신이 기획한 일을 실제 실행까지 할 수 있다는 점이에요. 여러분의 생각이 잘 구현될 수 있도록 방법론적인 노하우를 전해드리려 합니다.

더불어 다양한 곳에서 때론 다른 이름으로, 같은 듯 다르게 일하고 있는 동료, 선배들의 인터뷰를 담았습니다. 이들의 생생한 이야기를 통해 여러분의 현재를 정비해보면 좋겠습니다.

이 책은 시작하는 홍보인을 위한 따뜻한 실무 매뉴얼입니다. 조직 내에서 홍보 영역으로 업무가 확장되었거나 홍보 전문가로서 성장하고 싶은 이들이 조금 더 수월하게 의사결정해나갈 수 있을 바랍니다.

현실에 에밀리는 없지만 우리 각자의 이름으로 현장에서 만날 그날을 기다릴게요.

송나래

차례

PART 1

홍보인의 기본기

일 잘하는 홍보인의 기본, 질문

3년 전쯤의 일입니다. 신규 고객사 A를 수주한 뒤 업무 세팅을 시작하던 때였죠. 당시는 입찰 시즌이라 A 고객사뿐만 아니라 여러 신규 고객사가 있었습니다. 어느 날 팀원들이 한데 모여 이야기를 나누는 자리에서 저는 놀라운 말을 들었습니다.

"A사 차장님, 일 잘하지 않아요?"

"맞아, A사 차장님이 찐 일잘러인 듯!"

MBTI가 혼재된 서로 다른 4명의 팀원이 고객사 1명을 지칭해 '일잘러'라고 이야기하고 있었죠. 그때부터였습니다. 일을 잘한다는 건 무엇일까, 특히 홍보에서 일을 잘한다는 건 무엇일까 고민하기 시작했습니다.

홍보는 결국 컨설팅 또는 서비스업이고 서비스는 만족에 기반한 산업이다 보니, 일잘러가 되는 게 결코 쉽지 않습니다. 더욱이 홍보는 자격증 없이, 전문지식이 없어도 시작해볼 수 있죠. 아니, 오히려 기업의 내부 니즈 그리고 산업에 대한 이해도가 높은 기존 직원이 홍보대행사보다 더 효율적인 결과물을 내놓을 수도 있습니다. 최근에는 챗GPT까지 가세했습니다. 이제 보도자료는 AI에게 맡기면 되니까 홍보대행사를 쓸 필요도 홍보 담당자를 뽑을 필요도 없다는 푸념도 흘러나왔죠.

하지만 〈포브스〉를 비롯해 홍보 담당자는 AI가 완전히 대체하기 어려운 영역으로 회자됩니다. 데이터 정리 또는 자료 작성 등 일부 AI가 속도면에서 경쟁력이 있을 수 있지만 트렌드를 연결하는 기획 등은 대체할 수 없다고요. 이는 홍보가 명문화를 통한 교육과 노하우 전수가 생각보다 쉽지 않은 '도제식 산업'의 영역이기 때문입니다. 경험과 노하우에 의존한 판단이 주를 이루는 업무 분야인 거죠. 홍보 담당자는 자료를 쓰고 메신저로서의 역할이 아닌 '기획'하고 '판단'하는 계획가planner이자 의사결정자decision maker로서의 역할이 더 중요해졌다고 볼 수 있습니다. 본래 홍보 팀장 또는 시니어에게 요구되던 역량이 이제 홍보를 시작하는 홍보 담당자에게 주어지고 있지요.

더불어 스타트업을 비롯한 많은 기업들이 인당 업무 효율을 중요하게 보기 시작했습니다. 단축근무를 하든 자율출근을 하든 신경 쓰지 않을 테니 스스로 인적자원으로서의 가치를 증명하라는 식이죠. 이는 1인당 업무의 범위를 깊게 하는 것보다 넓게 하는 방향으로 커리어 방향성을 변화시켰습니다. 업무의 깊이는 개인의 노력으로 단시간에 개선되기 어렵기도 하고 또 이미 존재하는 전문화된 외주업체를 넘어서기 어렵기 때문입니다. 이로 인해 반강제로 넓어진 대표적인 커리어 패스 중의 하나가 바로 '홍보' 영역입니다.

홍보 업무가 다루는 범위가 넓다고 해도 결국은 '일'입니다. 즉, 일잘러가 되기 위한 기본 자질을 갖추는 게 커리어를 시작하는 홍보인의 첫걸음인 셈이죠. 그렇다면, 일 잘하는 사람은 무엇이 다를까요? 초보 홍보인에게 제가 가장 먼저 요구하는 건 질문을 잘하라는 것입니다. '옳은 질문'을 던져야 원하는 결과를 홍보대행사가 가져오고, 챗GPT가 제대로 된 보도자료를 작성할 수 있을 테니까요.

일터는 묻지 않는 이에게 답을 주지 않습니다. 그렇기에 답을 찾기 위해서는 질문을 잘해야 합니다. 실제로 이제 막 홍보 일을 시작한 사람이 하루에 제일 많이 하는 것이 '질문'입니다. 하지만 밥도 못 먹고 일하는 사수에게 사사건건 물어보자니 마치 죄를 짓는 기분이 들기도 합니다. '안 그래도 바쁜 사람, 괜히 시간 뺏는 것 같은데?', '나만 모르는 것 같은데, 괜히 물어봤다가 바닥 다 드러나는 거 아닌가' 싶은 생각도 들고요. '다를 뿐 틀린 것은 없다'고 믿는 제가 단언합니다. 그런 걱정은 '틀렸습니다.' 질문은 시작하는 홍보인의 특권입니다. 그리고 그에 대한 답을 주는 것은 선임의 책임입니다. 오히려 새로이 일을 시작하는 신입의 눈으로 보면 이상한 부분들이 보이고 이런 것들이 비효율을 걷어내는 단초가 되기도 하니까요.

그래도 질문할 용기가 나지 않는다면, '급여'를 생각해볼까요? 분명 주니어보다 선임이 돈을 더 많이 받을 겁니다. 선임이 돈을 더 받는 이유는 '업무의 질과 양'이 신입보다 낫기 때문이겠지만, 그 돈에는 자신의 역량을 주니어에게 교육하고 회사 전체의 역량을 끌어올리는 데 기여해야 하는 회사의 기대치도 포함되어 있습니다. 즉, 한 달 급여에 여러분은 질문할 권리가, 선임은 답을 줄 의무가 있는 것이죠.

하지만 어떻게 질문하느냐는 다른 차원의 문제겠지요. 생산성과 직결되는 '역량'의 문제이기도 하니까요. 그럼 어떻게 하면 잘 물어보는 걸까요? 많은 질문을 받아본 입장으로서 이야기해보면 가장 곤란한 때는 '질문이 질문을 낳는 경우'입니다. '물어보고 싶은 게 뭐지?'라는 의문을 불러일으키는 상황인데요, 구체적으론 이렇습니다. "선임님, 외주업체가 지난번에 행사하고 다음번에는 견적 올려서 진행하기로 했다고 하는데요…."

제가 하루에 한 번꼴로 듣는 질문 형태입니다. 여러분은 이 질문에서 무엇이 느껴지나요? 전 초조함 그리고 귀찮음이 느껴집니다. 후배는 외주업체의 요청을 듣고 당황했을 겁니다. 돈을 올려달라니 큰 문제가 생길 것 같고 어서 선배의 자문을 구해 불안한 감정을 해소하고 싶었을 거예요. 하지만 저 질문은 상사가 의사결정을 내려주기에 부족한 부분이 많습니다. 질문의 잘못된 부분을 짚자면 크게 두 가지입니다. '대명사의 향연'과 '검토의 부재'가 그것이죠.

먼저, 저 질문에는 대명사가 많습니다. 이 질문은 마치 '갸가 갸래'라고 말하는 것과 같습니다. 의사결정을 내려주는 데 도움이 되는 정보가 많지 않아 다시 되물어야 할 것이 많죠. 일단 진행하고 있는 외주업체가 한 곳일 리 없으니 업체명을 되물어야 하고, 지난번 언제, 어떤 이슈로 한 행사인지도 되물어야 합니다. 업체가 얼마나 견적을 올려달라고 했는지 말해주어야 의사결정을 해줄 수 있고요. 이렇게 대명사가 많은 질문은 질문을 함께 만들어가야 하다 보니 피차 시간을 소모하게 되죠.

두 번째로 담당자의 검토가 없습니다. 위 질문은 외주사의 요청을 단순히 전달한 것뿐입니다. 그건 한국어 듣기가 가능하면 모두 가능한 것이죠. 위 상황에서 담당자는 적어도 몇 가지를 체크하고 선임에게 질문했어야 합니다. 견적 인상에 대해 주고받은 문서 또는 그 외 내역이 있는지 업무적으로 살펴볼 수 있고, 혹은 다른 외주업체와 비교했을 때 비용 인상이 타당한지 자신의 의견을 더해 물어볼 수도 있습니다. 물론, 초보 홍보인이 이 부분을 다 체크하기는 어려울 수 있습니다. 그러면 사수에게 '이런 것들을 체크하려고 했는데 확인이 어렵다'고 말하면 됩니다. 사수는 기꺼이 어떻게 하면 되는지를 답변해줄 테니까요.

여기까지 잘해냈다면 배려하는 마음도 더할 수 있습니다. 시험을 볼 때 객관식과 주관식 중 어떤 걸 더 좋아하셨나요? 전 단연코 객관식이었습니다. 몰라도 찍으면 그만이니까요. 선임에게 여러분의 질문은 매일 보게 되는 작은 시험과 같습니다. 아는 문제도, 모르는 문제도 있는 시험 말입니다. 즉, 선임 입장에서는 선택지를 받는 게 덜 부담스러울 테죠. 조직에 따라 다르지만 보통 선임은 결정을 내려주고 방향성을 제시합니다. 그렇기에 선임이 의사결정할 수 있는 '근거'를 질문에 넣어주는 작업이 필요합니다. 그리고 그 근거는 1안, 2안에 해당하는 선택지에 들어가 있을 거고요. 예를 들어보죠.

> ⑴ "선배님, 인플루언서를 선정해야 하는데. 어떤 분으로 할까요?"
>
> ⑵ "선배님, 인플루언서 A와 B 중에 어떤 분으로 할까요? A는 브랜드랑은 잘 어울리는데 팔로워가 10만이고, B는 팔로워는 20만이지만 콘텐츠 결이 상대적으로 안 맞는 것 같습니다."

여러분이 선배라면, 어떤 질문에 빨리 답변할 수 있을 것 같나요. 저는 두 번째 질문입니다. 그리고 후배가 예쁠 것 같습니다.

말을 들어보면 그 사람의 품격이 드러난다고 하죠. 질문도 마찬가지입니다. 질문을 들으면 그 사람의 업무 태도를 단박에 알 수 있습니다. 그래서 제대로 된 질문법을 익히는 것이야말로 일잘러 새싹이 되기 위한 첫걸음입니다. 어떤 일터에서도 묻지 않는 이에게 답을 주지는 않으니까요.

일 잘하는 홍보인의 기본 질문,
Why와 What

홍보대행사의 일은 '입찰'에서 출발합니다. 흔히 '비딩^{bidding}' 이라고도 하는 이 입찰은 공공기관, 기업체, NGO 등에서 특별한 목적을 가지고 커뮤니케이션 전략 및 수행을 요청하면 홍보대행사가 이에 대해 제안하는 과정을 의미합니다.

이 과정에서 입찰 기관은 제안요청서^{Request for Proposal}를 홍보대행사에 발송합니다. 홍보대행사는 그 요청서를 보고 입찰을 준비합니다. 제안요청서는 일종의 '주문서'입니다. 주문을 하게 된 배경, 그들이 이루고자 하는 목표 그리고 예산까지 기관에서 해결하고자 하는 커뮤니케이션 문제들이 나열되어 있어요.

수포자였던 저로서는 너무 듣기 싫었던 선생님들의 단골 대사죠. "문제 안에 답이 있다." 제안요청서도 마찬가지입니다. 제안요청서 안에 보통 제안서의 답인 '전략'이 이미 있습니다. 잘 뜯어봐야죠. 즉, 홍보대행사에서의 모든 일은 이 '제안요청서'에서 시작합니다.

보통 제안요청서를 수령한 후, 제안요청에서 규정한 문제점 파악을 위해 '조사'를 합니다. 입찰사는 어떤 기업인지, 어떤 홍보 활동을 하고 있는지, 경쟁사는 어떤 홍보 활동을 하고 있는지, 대중들은 입찰사를 어떻게 생각하는지를 파악하죠.

글로벌 명품회사의 파인다이닝 레스토랑이 국내에 첫선을 보일 때였습니다. 예산은 많지 않았지만, 네임밸류가 있는 기업이다 보니 회사 차원에서는 레퍼런스 확보 차원에서 진행하고 싶은 니즈가 있었습니다. 저 또한 요즘 트렌드인 명품 브랜드의 플래그십 스토어 론칭 홍보의 기회이니 열과 성을 다해 비딩을 준비했었습니다. 제안요청서를 너덜너덜하게 읽으며 제가 했던 생각은 크게 'WHY'와 'WHAT'이었습니다. '이 브랜드는 왜 파인다이닝을 한국에 여는 걸까?', '왜 카페가 아니라 파인다이닝이지?', '왜 우리에게 의뢰를 했지?' 이러한 질문에 대한 대답을 찾아가는 과정이 바로 '조사'이지요. 그래서 제안요청서를 받아들고 반복하며 읽어나

갈 때 우리가 해야 할 일은 이러한 질문 리스트를 정리하는 겁니다. 질문에 대한 하나하나의 답이 흔히 이야기하는 SWOT 분석 또는 트렌드 분석이 되는 것이지요.

- 질문 1: 이 브랜드는 왜 파인다이닝을 한국에 여는 걸까?
  → 한국인 1인당 명품 소비가 전 세계에서 상위권이구나.

- 질문 2: 왜 카페가 아니라 파인다이닝이지?
  → 지난해 전 세계 3번째로 일본에 레스토랑을 오픈했을 때 인터뷰에서 밝혔듯이 "가죽 브랜드의 정통성을 가지고 있는 것처럼 정통 이탈리아 브랜드의 아이덴티티를 전해주기 위해"서는 파인다이닝이 적합하다고 생각했구나.

- 질문 3: 왜 우리에게 의뢰를 했지?
  → 아, 우리는 파인다이닝의 고객과 겹치는 산업군인 호텔 레퍼런스가 많구나.

이렇게 질문하는 과정에서 우리가 어떤 판을 짜야 할지 가늠할 수 있습니다. 이 브랜드가 원하는 커뮤니케이션 메시지는 '정

통 이탈리안 미식'이고 우리 회사는 그럴 역량을 가지고 있는 셈
이죠.

그렇게 '넥스트 파인다이닝의 성지'로서 포지셔닝하기 위해 미
식 기자 제한 기자간담회 및 미식 산업 KOL 파티 등을 주요 프
로그램으로 제안했고 실행까지 할 수 있었습니다. 코로나로 인한
규제가 여전했던 때임에도 불구하고 공식 개점 2주 전 오픈 한 사
전 예약에서 4분만에 전석 마감이라는 기록을 세우며 성공적인
론칭 홍보를 마무리할 수 있었습니다.

일 잘하는 홍보인의 아침 루틴, 뉴스 모니터링

모니터링은 홍보를 시작하면 가장 먼저 시작하는 일입니다. 주니어가 특별한 전문 역량 없이도 시작할 수 있는 업무이기 때문이죠. 하지만 모니터링은 결코 쉬운 일이 아닙니다. 잘해야 본전이고 못하면 불벼락이 떨어지는 업무거든요. 또한 홍보를 시작하는 사람이 맡기에 최적의 업무이기도 합니다. 자사, 경쟁사 그리고 산업에 대한 이해도를 빠르게 높이고 넓은 시야를 갖도록 하는 좋은 습관의 출발선이 되기 때문입니다.

제가 홍보대행사와 첫 인연을 맺은 것도 '모니터링'이었습니다. 대학교 휴학생 시절, 인턴을 지원하기에는 비루했던 스펙의 2학년 학생이 홍보대행사에 발을 들일 수 있었던 것은 '클리퍼

Clippier'라는 모니터링 전담 아르바이트 덕분이었습니다.

국내 대형 가전회사의 전담 클리퍼 생활을 시작한 저의 출근 시간은 아침 7시 30분이었습니다. 출근 후, 제일 먼저 하는 일은 '임원 대상 관계사 동향 파악 MMS 발송'이었습니다. 관계사 이슈를 다룬 기사를 선별해 임원들에게 개별 문자 발송을 해주는 거였죠. A전자는 너무 큰 그룹사에 속한 기업이었기에 관계사의 소식을 팔로우하는 것조차 쉽지 않았습니다. 특히 1분 1초가 아까운 임원분들은 관계사 소식을 다 파악하기 힘드니, 홍보 담당자가 '적어도 이 소식은 알고 계셔야 합니다'라는 명목으로 기사 헤드라인과 링크를 보내주는 식이죠. 국내 굴지의 대기업 임원이 알아야 할 이슈를 내가 선별해서 준다는 것, 꽤 짜릿하지 않나요?

임원들의 출근 시간에 맞춰 8시까지 동향 모니터링을 보내고 나면, 이제 본격적인 '클리핑Clipping' 시간입니다. 클리핑은 실무자들이 성과 파악 및 향후 보도자료 기획에 필요한 트렌드를 파악하기 위한 업무입니다. 어제 배포한 우리 회사의 보도자료가 어디에 몇 건이 나왔는지, 경쟁사 기사는 어디에, 어떤 앵글로 몇 건이 나왔는지를 파악하는 겁니다. A전자 기업명, A전자 상품명, A전자 모델 관련 키워드로 기사를 검색하고, 지난밤 A전자와 관련한 어떤 기사가 어떻게 게재됐는지 확인해 표 형식으로 정리한 다음

관계자에게 보냅니다.

"아니, 검색 안 해보나? 자사 부정 기사가 네이버 메인에 뜰 때까지 홍보 담당자가 기사 나오고 반나절이 지날 때까지 모르는 게 말이 된다고 생각해?"

제가 대리였던 시절 어느 날 아침의 일이었습니다. 자리로 들어오는데 팀장님의 불호령이 들려왔죠. 무슨 일인가 하고 컴퓨터를 켜고 눈치를 살피니, H 피자 브랜드 담당자가 팀장님 눈도 못 마주치고 땅만 바라보고 있었습니다. 팀장님은 화가 진정되지 않는 듯 30분 동안 담당자를 몰아세우고 있었죠. 당시 팀장님은 말이 많은 스타일이 아니었을 뿐더러 사무실에서 소리를 치는 경우는 더더욱 없었습니다. 그런 그가 아침부터 침 튀기며 담당자를 몰아세운 이유는 다름 아닌 모니터링 때문이었습니다. 가맹점 이슈가 있던 당시, 주요 매체에서 가맹점주 협회 인터뷰를 진행했고 이를 성명서와 함께 게재했는데, 이에 대한 이슈 파악이 빠르게 되지 않았던 것이 화근이었습니다. 설상가상으로 고객사가 해당 기사를 먼저 발견하고 단톡방에 공유한 최악의 상황이었습니다.

모니터링은 매일, 아니 눈을 뜨고 있는 동안 계속하는 일이기에 이와 관련한 일화는 수도 없이 많습니다. 그중 특히 이 상황이

제 뇌리에 박힌 이유는 모니터링의 '제1의 징크스'를 여실히 보여주기 때문입니다.

'왜 고객사는 늘 대행사보다 부정 기사를 먼저 발견하는가.'
'왜 대표님은 항상 직원보다 자사 기사를 먼저 발견하는가.'

그 이유는 '애정'입니다. 연예인들이 아침에 일어나면 자신의 이름을 검색한다는 에피소드가 예능을 통해 회자된 바 있습니다. 왜일까요? 자기 일이니까요. 자신의 일이니 애정을 가지고 시도 때도 없이 검색해보는 겁니다. 모니터링도 마찬가지입니다. 소속 기업 또는 담당 브랜드가 본인 일이라 여기고 애정을 가진다면 스스로 더 자주 면밀히 검색해보겠죠.

그래서 모니터링은 담당자가 해당 홍보 프로젝트에 얼마나 몰입하고 있는가를 단적으로 보여주는 지표가 되곤 합니다. 아이러니하게도 팀에서 가장 바쁜 사람이 기사 모니터링 누락도 가장 없는 편입니다. 그들은 브랜드와 몰아일체되어 습관적으로 포털 검색을 하니까요.

모니터링에 대한 홍보인의 애정은 오늘날 그 어느 때보다 중요도가 높습니다. 우리나라는 뉴스 소비가 포털과 매체의 SNS 채널에서 이뤄집니다. 검색 기반이 아니라 브랜드에 관심 있을 만한 사람들에게 언론사들의 뉴스가 자동으로 노출되는 식이죠. 이슈의 확산성이 배가되는 겁니다. 이게 무슨 문제일까요?

이런 미디어 환경에서는 홍보 담당자가 부정 이슈에 대처할 수 있는 시간이 적어지고 대처해야 하는 기사의 양은 더 많아집니다. 하지만 부정 이슈를 방치할 수는 없죠. 해당 이슈가 빠르게 소멸되도록 기사 자체를 내리거나, 기업의 입장을 전달하는 식의 활동이 진행되어야 합니다. 아니면 적어도 브랜드 검색 시 부정 기사 노출도를 줄이기 위해 '밀어내기'라도 해야 합니다. 홍보인이 부정 이슈에 대처하는 일련의 과정이 어느 때보다 빠르고 밀도 높게 실행되어야 하는 구조인 셈이지요.

모니터링으로 가장 처음, 이를테면 부정 기사가 게재되고 10분 만에 발견했다면 어떨까요? 최소한 더 확산하지 않도록 시간을 벌 수는 있을 겁니다. 후속 보도의 가능성을 줄이도록 매체에 연락을 취하거나, 밀어내기용 기사를 준비할 수도 있죠. 즉, 모니터링을 통한 빠른 이슈 파악이 부정 이슈 확산을 줄여주는 예방주사 역할을 하는 셈입니다.

이슈 대응의 관점을 벗어나더라도 홍보인에게 있어 모니터링은 반드시 필요합니다. 루틴에 버금가는 생활 양식이기도 하죠. 아는 만큼 보이고, 보이는 만큼 그릴 수 있는 법입니다. 아침에 일어나면 담당 브랜드명을 포털 뉴스에 검색하는 것으로 시작하는 습관은 홍보인에게 더 많은 판을 그릴 수 있는 견문과 지식이 됩니다. 기사에서 쓰는 단어, 조사에 따른 뉘앙스, 관계자 코멘트 등은 기사를 많이 본 사람만이 만들 수 있기 때문입니다.

누군가 그러더군요. 복사를 시켜도 복사만 하는 사람이 있고, 복사 안의 내용을 파악하는 사람이 있다고요. 저는 이 모니터링이 시작하는 홍보인에게 있어 일종의 복사 업무라고 생각합니다. 모니터링을 통해 기사 카운팅만 하는 이도 있겠지만, 그 기사들을 꼭꼭 삼켜서 곧 다가올 보도자료 작성 및 플랜 기획의 자양분으로 삼는 사람도 있겠죠. 부디, 모니터링을 단순 업무라 취급하지 말길 바랍니다. 멋진 기획의 토대로, 그리고 여러분의 홍보 역량을 키우는 마르지 않는 샘물로 모니터링 업무를 활용할 수 있기를 기원합니다.

단순 작업 속에서 큰 그림을 보는 법, 클리핑

뉴스 모니터링을 실무적으로 정의하면 언론 홍보의 '시작과 끝' 입니다. 홍보의 방향성을 기획하고 결과물을 만들어내는 일련의 과정에 모두 모니터링이 적용되기 때문입니다. 뉴스 모니터링 업무의 범위와 특성을 정리하면 크게 다음의 3가지로 요약할 수 있습니다.

- 기업이 자사 뉴스를 정기적으로 파악하고 수집하는 활동
- 자사, 경쟁사, 업계 뉴스를 실시간 모니터링하고 그 결과를 관련 임직원 및 부서에 정기적으로 공유하는 활동
- 홍보 업무를 위한 검색 및 여론 파악을 위한 일련의 활동

클리핑이란?		
매체에 게재된 자사, 경쟁사, 업계 관련 기사를 선별해 이해관계자에게 공유하는 업무		
데일리 클리핑	보도자료 클리핑	위기 이슈 클리핑
매일 아침 9시 전 자사, 경쟁사, 업계 관련 기사를 취합 및 선별 보고하는 모니터링	자사 보도자료 배포 시, 기사 게재 내역 및 결과 보고 클리핑	위기 이슈 발견 시 기사 내용 파악 및 이슈 현황 보고 클리핑
동향 파악	업무 성과	신속 정확

사실 뉴스 모니터링이 어떤 업무인지는 '느낌적인 느낌'으로 알 수 있습니다. 그럼, 모니터링을 하고 어떻게 보고할까요? 앞서 잠깐 언급했듯이 보고 유형에 따라 '클리핑'을 진행합니다. 뉴스 모니터링의 유형에 따라 클리핑이 달라지는데요, 위의 표와 같이 간단히 정리할 수 있습니다.

클리핑은 데일리 클리핑, 보도자료 클리핑, 위기 이슈 클리핑 이렇게 크게 3가지로 나뉩니다. 먼저 데일리 클리핑은 동향 파악을 위해 홍보 담당자가 이른 아침(8시 전후), 자사, 경쟁사, 업계 관련 기사를 취합 및 선별해 보고하는 업무예요. 기업의 홍보 역량

강화를 위해 정기적으로 진행되는 업무로, 자사, 경쟁사, 업계 이슈 기사에 대한 요약과 본문 링크를 첨부해 보냅니다. 이 업무를 통해 홍보 담당자는 미디어 리스트를 업데이트하고 보도 트렌드를 파악하게 되죠.

보도자료 클리핑은 '업무 성과', 즉 일종의 결과 보고입니다. 언론에 자사 소식을 공식적으로 알리는 보도자료를 배포했을 때, 어떤 매체에서 얼마나 많이, 그리고 얼마나 정확하게 다뤘는지를 확인하는 일입니다.

마지막으로 위기 이슈 클리핑은 위기 이슈 발견 시, 기사 내용을 파악하고 게재된 기사를 신속·정확하게 공유하는 것입니다. 이때는 무조건 '선 보고 후 판단'하며, 형식을 갖추기보다는 메신저 또는 유선을 통해서라도 관계자가 상황을 바로 알도록 하는 것이 핵심입니다.

클리핑의 종류별로 업무를 파악했으니 이제 '어떻게' 클리핑을 하면 될지 알아볼게요. 여러분은 이제 시작하는 초보 홍보인이기에, 여기서는 데일리 클리핑과 보도자료 클리핑에 대해서만 살펴보겠습니다. 상황별로 천차만별인 위기 이슈 클리핑은 '신속 정확'이라는 키워드만 기억하고 일단은 사수 뒤로 몸을 피하는 게 지

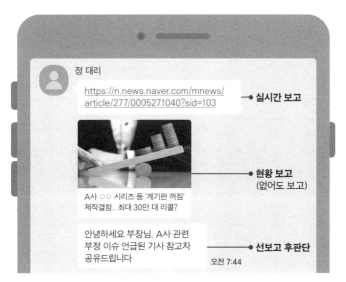

위기 이슈 클리핑의 예시

금은 최선일 겁니다.

STEP 1. 모니터링 키워드 선정

먼저, 클리핑하고자 하는 대상을 정해야 합니다. 흔히 자사-경
쟁사-업계를 기본적인 분류로 구성합니다. 분류에 따른 세부 키
워드 구성은 다음 표를 통해 확인할게요.

클리핑 유형에 따른 키워드 구성		
1	데일리 클리핑	• 기업명, 브랜드명, 제품명 각각 키워드로 선정 • 영어 표기 있을 경우, 각각 진행
2	그룹사 키워드	• 그룹사명, 관계 임원 이름을 각 키워드로 선정 • 영어 표기 있을 경우, 각각 진행

3	경쟁사 키워드	• 제품 및 서비스 라인업, 매출 규모를 기준으로
		  키워드 선정
		• 그 외 내부 기준에 따라 벤치마킹 필요한 업체를
		  키워드로 선정

4	업계 키워드	• 산업 및 업계 키워드 선정

특히 자사 키워드 선정 시 몇 가지 신경 쓸 부분이 있습니다. 띄어쓰기와 영문 표기인데요, 기업 및 제품 이름은 고유명사라서 띄어쓰기를 어떻게 하느냐에 따라 뜻이 달라지기도 합니다. 포털 검색 시 노출되는 기사가 달라지기도 하고요. 예를 들어 '삼성전자'는 맞지만 '삼성 전자'는 원칙적으로 틀립니다. 하지만 외부에서는 개의치 않고 띄어쓰기를 하는 경우도 있으니 두 키워드를 모두 넣어 검색해야 누락 없이 클리핑을 할 수 있겠죠?

영문 표기도 마찬가지입니다. 국내 영자지가 많지는 않지만, 많지 않기에 더 중요하기도 합니다. 영자지에서 발행된 기사를 놓치지 않기 위해서 보통 기업명과 임원진의 영문 이름은 함께 키워드에 넣어 진행하니 참고하세요.

STEP 2. 클리핑 대상 매체 선정

우리나라는 주요 포털에서 뉴스를 소비합니다. 주로 특정 매체를 구독해 뉴스를 접하는 해외와는 다른 형태를 띄고 있죠. 그래서 최근 클리핑에서는 '포털 노출'이 주요한 구성 요건입니다. 3대 포털에 자사 기사 검색 시, 어떤 기사가 노출되는지 혹은 포털 메인에 노출되었는지에 대해 적는 것이죠.

하지만 업계에 따라 핵심 매체를 별도로 선정하는 경우도 있습니다. 일하는 기업이 B2B거나 제약, 금융, 스타트업 등 전문지 쪽에서 더 영향력 있는 경우가 여기에 속합니다. 즉, 담당 기업 이해관계자의 니즈에 따라 모니터링하는 매체가 달라지는 거죠. 일반적인 클리핑 진행 방식을 정리하면 다음과 같이 정리할 수 있습니다.

내부적으로 가장 중요한 핵심 매체를 먼저 선정하고, 포털 노출그리고 지면 매체를 검색하는 식으로 진행합니다. 하지만 상황에

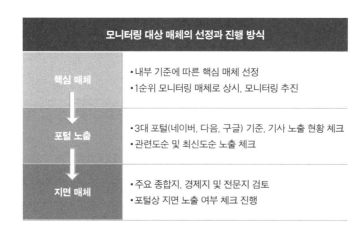

모니터링 대상 매체의 선정과 진행 방식	
핵심 매체	• 내부 기준에 따른 핵심 매체 선정 • 1순위 모니터링 매체로 상시, 모니터링 추진
포털 노출	• 3대 포털(네이버, 다음, 구글) 기준, 기사 노출 현황 체크 • 관련도순 및 최신도순 노출 체크
지면 매체	• 주요 종합지, 경제지 및 전문지 검토 • 포털상 지면 노출 여부 체크 진행

따라 이 순서는 달라지기도 합니다. 공공기관의 경우에는 지면 매체가 더 중요하고, 유통사는 포털 노출이 중요한 KPI 지표가 되기도 하니까요. 정리하면, KPI 지표에서 가장 중요한 매체 중심으로 클리핑을 한다고 생각하면 됩니다.

STEP 3. 5W1H로 살펴보는 종류별 클리핑

불친절한 사수가 '내일 아침부터 데일리 모니터링 해주세요'라는 말을 던진 후 사라졌나요? 사수도 나름대로의 사정이 있을 테니, 클리핑의 종류에 따라 어떻게 진행하면 좋을지 양식과 함께 살펴보겠습니다.

먼저, 항상 말도 많고 탈도 많은 데일리 클리핑입니다. 데일리 클리핑의 업무를 5W1H 방식으로 정리하자면 다음과 같습니다.

- 언제: 매일 정해진 시간(보통 매일 아침 9시 전)에
- 누가: 홍보 담당자가
- 누구에게: 주요 임직원 및 홍보 팀원에게
- 무엇을: 언론에 보도된 자사, 경쟁사, 업계 이슈를
- 어떻게: 주요 기사에 대한 요약과 링크를 이메일로 보낸다.
- 왜: 홍보 역량 강화에 필요한 기초 학습 및 동향 파악을 위해

여기서 주목할 점은 '왜'입니다. 홍보 기초자료를 업데이트하고 업계 동향을 파악하기 위해 매일 진행되는 업무인 거죠. 업무 개요는 알겠는데, 그럼 당장 클리핑 보고는 어떻게 해야 할까요? 다음 표는 사수에게 '그래도 기본은 하네'라는 말을 들을 수 있는 양식입니다. 상황에 따라 조금씩 달라질 수 있겠지만, 기본적으로 다음 양식을 채운다는 생각으로 모니터링을 하면 됩니다.

A그룹 계열사_ 모니터링 보고 양식(데일리)						
23. 08. 14 Daily Monitoring						
분류	No.	매체명	날짜	헤드라인	형태	키워드 / 비고
자사	1	Tip 1. 중요도 정렬	Tip 2. 최신순 정렬	Tip 3. 헤드라인 링크 삽입	Tip 4. 지면 혹은 온라인 표기 지면 정보 (예. A4면 표기)	Tip 5. 모니터링 키워드
자사	2					
자사	3					
자사	4					
경쟁사	5					
경쟁사	6					
경쟁사	7					
경쟁사	8					
산업 / 트렌드	9					
산업 / 트렌드	10					

데일리 모니터링 보고 양식과 작성 팁

이어서 보도자료 클리핑을 설명해드릴게요. '보도자료 클리핑' 또는 '커버리지 리포트'라고도 불리는데요. 단어에서도 알 수 있듯이 자사가 배포한 자료를 모니터링한 리포트입니다.

- 언제: 보도자료 배포 후 익일 아침에
- 누가: 홍보 담당자가

- 누구에게: 보도 이슈 관계자에게
- 무엇을: 보도자료 게재 건수 및 타깃 매체 게재 내역을
- 어떻게: 게재 기사 결과 리스트업을 첨부하여 보낸다.
- 왜: 자사의 이슈가 본 목적에 부합하게 제대로 게재되었는 가에 대한 결과 검토를 위해

　여기서도 업무 취지인 '왜'가 중요합니다. 보도자료 클리핑의 핵심은 무엇일까요? '얼마나 주요 매체가 우리 메시지를 정확하게 많이 확산했는가'입니다. 배포한 보도자료의 성과 보고인 셈이죠. 그럼, 어떻게 정리해서 보내야 성과를 인정받을 수 있을까요?

　쉽게 말하면 '이렇게 좋은 매체에 이렇게 많이 났어요'를 보여주면 됩니다. 그렇기에 주요 매체에서 비주요 매체순으로 정리가 되면 좋겠죠. 만약 지면에 게재됐다면 해당 지면도 메일에 함께 첨부하세요. 그럼 더 주요한 성과를 얻었다고 평가받을 수도 있습니다. 일거양득의 개념으로 메시지 한 개의 뉴스밸류를 높여서 더 많은 성과를 낸 셈이니까요.

　이쯤 되니 벌써 지겨우신가요? 아니면 무언가 누락하면 어쩌나 싶어 겁이 날 수도 있습니다. 왜 시작하는 홍보인에게 첫 업무로

NO	매체	게재일	날짜	유형
	A그룹 계열사_모니터링 보고 양식(이슈 배포 시)			
	배포 이슈: B사, 2019년 매출 620억 원, 전년 대비 20% 증가			
1	파이낸셜뉴스	04월 07일	B사, 2019년 매출 620억 원 달성뉴스	온라인
2	메디파나뉴스	04월 07일	B사, 2019년 매출 620억 원 달성	온라인
3	약업신문	04월 07일	B사, 2019년 매출 620억 원 20%- 영업익 84억 97% 증가	온라인
4	뉴스타운	04월 07일	B사, 2019년 매출 620억 원, 전년 比 20% 증가	온라인
5	메디스비지뉴스	04월 07일	B사, 작년 매출 620억 원… 내수-수출 모두 호실적	온라인
6	EBN	04월 07일	B사, 지난해 영업익 84억… 전년비 97% ↑	온라인
7	e의료정보	04월 07일	B사, 2019년 매출 620억 원… 전년 比 20% 증가	온라인
8	헬스경영	04월 07일	B사, 12% 연구개발 비용에도 매출액 증가	온라인
9	현대경제신문	04월 07일	B사, 작년 영업익 84억… 전년비 97% 증가	온라인
10	메디컬투데이	04월 07일	B사, 지난해 매출 620억… 전년 比 20% ↑	온라인
11	메디제이트뉴스	04월 07일	B사, 2019년 매출 620억 원 전년 대비 20% 증가	온라인
12	프레스나인	04월 07일	B사, 연매출 620억… 전년 比 20% ↑	온라인
13	아주경제	04월 07일	지난해 매출 620억 원… 전년 대비 20% 신장 기록	온라인
14	이데일리	04월 07일	2019년 매출 620억 원… 전년 대비 20% 증가	온라인

모니터링과 클리핑을 요청할까요. 시간을 많이 쓰는 단순 작업이라서? 아닙니다. 모니터링은 자사를 비롯해, 산업에 대한 이해도를 키우는 효과적인 학습 방법이기 때문입니다.

모니터링으로 얻을 수 있는 역량은 크게 2가지입니다. 업계 동향과 매체 파악이죠. 원론적인 이야기지만, 오늘날 트렌드는 매우 빨리 바뀝니다. 신제품은 쏟아지고 소비자의 지갑을 여는 프로모션도 하루가 멀다 하고 나오죠. 모니터링은 타사의 기사 또는 콘텐츠를 파악하고 벤치마킹할 수 있는 기회입니다. '이런 단어 조합으로 기획 아이템을 만들었네?', '이 시즈널리티를 활용해서 콘텐츠를 녹여냈네?' 이런 식으로 접근할 수 있는 거죠. 나중에 이 모니터링 업무가 여러분들에게 큰 힘이 되어줄 것이라 자신합니다.

세팅만 잘해도 반은 성공하는
대면/비대면 회의 준비

인턴으로 근무하던 때였습니다. 그 회사는 제가 사원 1호였던 스타트업이었는데, 돌이켜보면 그렇게 아무런 개념 없이 회사 다니기도 쉽지 않았던 것 같네요. 출근한 지 일주일 정도 지났을 때 대표님과 1호 고객사의 미팅에 참석했습니다. 첫 미팅이니 떨리기도 떨렸고 누가 되면 안 된다는 생각에 뾰족구두를 신고 명함을 챙겨 참석했습니다. 그렇게 무슨 말인지도 모르겠는 이야기에 열심히 로봇처럼 고개만 끄덕이다 회의를 마치고 복귀하던 중이었어요. 평소 말수가 없는 대표님이 '라떼는~'을 시전하셨습니다.

"나 신입이었을 때, 필기구를 하나도 안 가져갔었거든. 그랬더니 사장님이 나보고 네가 사장이냐고, 적어도 부장인 줄 알았다고 어찌나 면박을 주던지…"

'아차' 싶었습니다. 저 이야기의 주인공은 한 시간 내내 음료수를 마시며 고개만 끄떡거리던 저이기도 했거든요. 사장님이 은근히 저를 '저격'하신 셈이었죠. 10년도 더 된 이야기인데, 지금도 그때를 생각하면 창피한 마음에 몸 둘 바를 모릅니다. 이런 흑역사를 만들지 않기 위해 미리 챙겨야 할 것들이 있습니다.

무난한 대면 미팅 데뷔를 위한 스타터 키트

대면 미팅에는 손님이 오는 경우와 우리가 직접 가는 경우가 있지만, 오는 경우는 크게 공수가 들지 않을 테니 생략하고 우리가 가야 하는 경우를 구체적으로 살펴보겠습니다. 보통 미팅은 사수의 이 한마디로 시작됩니다.

"○○씨, 이번 주 수요일 오후 4시, A사 회의 일정 등록해주세요. 저와 ○○씨, 팀장님 이렇게 갈 겁니다."

미팅 준비의 첫 단계는 제일 먼저 '어젠다agenda'를 챙겨야 합니다. 이제 막 홍보 일을 시작했다면 어젠다를 쓸 순 없을 겁니다. 어젠다는 진행되고 있는 업무를 잘 알아야 쓸 수 있으니까요. 그럼, 여기서 어젠다를 챙긴다는 건 무슨 말일까요?

물리적으로는 '어젠다 문서'를 출력한다는 말이고, 실제적으로는 '어젠다를 파악'한다는 말입니다. 즉, 어젠다 문서에 써 있는 업무 유관 메일을 읽어보고 이해도를 높이는 것이죠. 이 과정에서 모르는 게 있으면 사수에게 물어봐도 좋아요. 항상 바쁜 사수지만 그래도 신나서 알려줄 겁니다. 내 동료가 능동적으로 업무에 임하고 있다는 걸 확인한 셈이니까요.

어젠다 챙기기가 정신적인 준비물이었다면 물리적인 준비물도 있겠죠. 자신의 신분을 증명할 '명함', 필요한 비용을 어색하지 않게 지불할 '법인카드' 그리고 무엇보다 회의에 집중하고 내용을 기록할 도구들로 노트북(충전기를 잊지 마세요!)이나 필기구 등을 챙겨야 합니다. 이 3가지가 이른바 '외근 베이직 세트'입니다. 외근과 회의는 비즈니스 미팅입니다. 즉, 회사를 대표한 개인이 만나는 자리죠. 그렇기에 회의에 임하는 자세는 나뿐만 아니라 회사의 이미지에 영향을 주는 만큼 기본 비즈니스 매너를 지키는 건 필수입니다. 외근 베이직 세트는 바로 이 기본 비즈니스 매너를 지키는 데 필요한 아이템인 것이고요.

너무 당연한 것들이지만 회의에 참석하는 횟수가 늘어날수록 그리고 경력이 쌓일수록 의외로 놓치는 부분이기도 합니다. 순간은 무마할 수 있겠지만 그 순간들이 모여 평판이 되는 만큼 첫 단추를 잘 꿰는 기본 습관을 들여야 합니다.

사소해 보이는 것들을 이야기한 김에 덧붙이자면 택시 예약도 챙기길 바랍니다. 출발 시간에 맞춰서 택시를 불러두는 것이지요. 너무 기본 사항 아니냐고요? 맞습니다. 당연히 택시를 불렀을 거라고 생각하고 1층 로비에 내려갔다가 맑은 눈으로 '어떻게 갈까요?' 하는 경우를 몇 번 목격했기에 짚고 넘어가는 게 좋을 것 같아요. 우리는 시작하는 사람들이니까요.

어색한 택시 안의 공기를 이겨내고 회의 장소에 도착하면, 능숙한 척 명함을 건네고 자리에 앉습니다. 회의가 시작되자마자 우리가 할 일이 있죠. 바로 필살의 노트테이킹note-taking입니다. 회의록 작성은 초보 홍보인의 주요 업무 중 하나입니다. 사수들은 다른 일로 바쁘기도 하지만 회의록 작성이야말로 업무에 적응하는 지름길이기 때문입니다. 회의록에는 한 일, 할 일이 다 들어가기 마련이니까요.

하지만 시작하는 우리에게는 이 회의록 작성도 만만치 않습니다. 불꽃타이핑을 해봐도 오가는 말을 다 기록하기 쉽지 않을 뿐더러 필기하느라 회의에 집중하지 못하는 경우도 있죠. 그래서 저는 '클로바노트'라는 애플리케이션을 추천드립니다. 회의 참가자의 말을 녹음하고 스스로 텍스트로 변환해서 녹취록을 뚝딱 만들어주는 녀석이죠.

물론 녹취록은 회의록이 아닙니다. 그래도 업무 파악이 아직 미진한 우리가 회의록을 작성하는 데 녹취록이 있다면 분명 도움이 될 겁니다. 회의 중에는 알아들은 척 고개를 끄덕였던 고유명사를 찾을 수 있는 기회가 될 거고, 내 이해도를 의심하며 갸우뚱하는 시간도 줄어들 테니까요. 녹취록과 초벌 회의록이 있으면 회의가 끝나고 날아올 숙제, 회의록 작성 시간을 반으로 줄여줍니다. 심지어 회의록은 당일 보고가 원칙이고, 자고로 사람은 도구를 써야 하는 법이니까요. 구체적인 회의록 작성법은 회의 준비를 끝내고 좀 더 뒤에서 살펴보도록 하죠.

코로나가 홍보인에게 남긴 것, 비대면 회의의 대범람

팬데믹이 처음 한반도를 덮쳤을 때 단 하나 반가운 소식은 대면 미팅의 제한이었습니다. 고객사 주간회의, 내부 주간회의, 미디어 미팅, 외주사 미팅 등 쏟아지는 회의 때문에 '나는 누구, 여기는 어디?'의 상태에서 허덕이던 프로젝트 매니저에게 사회적 거리두기는 휴식의 신호탄이었습니다.

하지만 늘 그랬듯 우리는 답을 찾고야 말았죠. 그것도 너무나 빠르고 효율적인 '비대면 회의'라는 솔루션을 말입니다. 줌Zoom, 팀즈Teams, 구글 미트Google Meets 등 고객사별로 다채롭게 사용하는 회의 플랫폼에 적응해가며 비대면 회의가 일상이 되어 가던 즈음, 비대면 회의의 대범람이라는 새로운 문제에 봉착했습니다.

비대면 회의는 특히 사전에 챙겨야 할 것들이 너무 많습니다. 아무 생각 없이 미팅에 들어갔다가는 '제 목소리 들리시나요?' 이 말만 10번 하고는 회의를 종료하는 불상사가 발생하기도 하니까요. 아무리 비대면 회의라도 챙겨야 할 부분들이 있다는 걸 잊어선 안 됩니다.

먼저, 비대면 회의는 정겹게도 '초대장'을 주고 받습니다. 회의를 주재하는 호스트가 초대 링크를 회의 참석자들에게 발송하는 이메일을 흔히 '초대장'이라고 합니다. 다소 아날로그적으로 보이는 이 초대장을 보낼 때 사전에 체크해야 할 것들이 있습니다. 이것 또한 꽤나 아날로그 감성인데, 바로 회의 인원과 회의 시간입니다. 회의 플랫폼에 따라 달라지긴 하지만 보통은 회의 참석 인원과 접속 시간에 따라 과금하는 방식과 요금이 달라집니다. 그러니 회의 참석 인원을 사전에 체크할 필요가 있죠. 예를 들어 줌의 경우 2명까지는 40분 이상 무료로 사용할 수 있지만 회의 인원이 3명 이상일 때는 40분까지만 무료 회의가 제공됩니다. 고객사가 말하는 도중 갑자기 회의가 종료되는 불상사를 막으려면 참석 인원과 시간을 사전에 파악하고 그에 맞는 요금 설정을 해놓을 필요가 있겠죠?

이어서 체크할 것은 아이러니하게도 '회의 장소'입니다. 재택근무에서 꽃피운 회의가 비대면 회의이건만 회의 장소를 챙겨야 한다니 뚱딴지같은 소리로 들리시나요? 조직에 따라 다르겠지만, 생각보다 한 공간에서 여러 명이 각각 컨퍼런스콜에 접속해 회의를 진행하는 경우가 꽤 있습니다. PT 진행 시 컨트롤을 용이하게 하기 위해서나 현장에서 바로바로 의사결정을 해야 하는 일이 생기기 때문에 그런데요, 실제로 한 공간에서 각각 컨퍼런스콜에 접속해 회의를 진행하는 방식은 꽤 효율적입니다. 언제 발생할지 모르는 기기 오류 상황에서 서로가 서로의 백업이 되어주기도 하고, 회의실의 스크린을 통해 화면 공유도 수월하니까요. 하지만 집이 아닌 다른 공용 공간에서 동시 접속으로 진행되는 비대면 회의니 역시나 사전 체크해야 할 요소들이 있습니다. 일명 C.S.I., 즉 콘센트concentric plug, 스크린screen, 인터넷internet이 잘 구비되어 있는지 미리 살펴보세요. 회의가 길어져도 배터리 걱정할 필요가 없도록 콘센트가 잘 갖추어져 있고, 이왕이면 호스트의 화면을 큰 화면으로 공유받을 스크린이 있다면 한 장소에서 모여서 하는 이점인 몰입감을 십분 배가시킬 수 있습니다. 그리고 쾌적한 무선 인터넷 상태는 흔히 발생하는 말끊김을 차단해서 우리의 혈압 상승을 미연에 방지할 수 있죠.

회의 장소 점검이 하드웨어에 대한 체크였다면, 그다음은 소프트웨어를 체크할 단계입니다. 회의 R&R과 그에 따른 권한 설정을 하는 것입니다. 누가 발표를 할지, 누가 화면 공유를 할지에 대한 사전 세팅인 셈이죠.

지금까지 살펴본 자질구레해 보이는 체크 사항들을 하나하나 미리 점검하지 않으면 '하울링이 생겨요'라는 상대 고객사의 질타로 회의를 시작하거나 '화면이 안 보여요' 같은 짜증 섞인 코멘트를 회의 중간중간 견뎌야 할 수 있습니다. 이렇게 보면 우리가 마주하게 된 오늘날 비대면 회의는 결국 이동하는 데 쏟던 수고를 회의 리허설에 쏟는 수고로 변환시킨 것이라 볼 수 있습니다.

이 정도면 큰 문제 없이 비대면 회의 준비를 마칠 수 있을 겁니다. 비대면 회의가 효율적이라고는 하지만 회의를 세팅해야 하는 초보 홍보인에게는 돌발 상황도, 준비해야 할 것도 더 많죠. 그래도 비대면 회의는 이제 거부할 수 없는 시대의 흐름이니 익숙해져야 하겠습니다.

주간회의 어젠다

■ **회의 개요**

일시: 2022-12-15

ㄴ그룹 참석자: 진양철, 진성준

ㄴ에이전시 참석자: 진도준, 오세연

■ **주요 현안**

퍼블리시티

– A 센터 개관 보도자료 (12/20 배포 완료, 12건 게재 완료)

– B 제품 론칭 보도자료 (진행 중, 12/16 배포 예정)

– C 프로젝트 성과 보도자료 (미정)

플래닝

– D 캠페인 KPI 달성 현황

– E 캠페인 2022년 견적 운영

기타

– F 행사 랩업 및 리캡

– F 행사 비용 지급 일정 논의

회의 어젠다 작성 예시

회의 준비의 8할은 '어젠다'

보통 회의 시작 전 회의 어젠다를 공유합니다. 회의 때 무엇을 논의할지 사전에 정리하는 것인데요. 이 어젠다를 기반으로 회의가 진행되는 만큼 잘 쓴 어젠다가 회의록 작성의 8할이 되기도 합니다. 이쯤 되면 '회의 어젠다'는 대체 어떻게 쓰는 것인지 궁금하지 않을 수 없습니다. 보통 업무를 주도하는 사수가 어젠다를 작성하지만 여러분이 어젠다를 쓰게 되었다 해도 걱정 마세요. 어젠다는 쉽게 말해 '이야깃거리'거든요.

회의 때, 무슨 이야기를 하게 될까요? 당연히 업무의 진행 상황과 방향에 대한 이야기입니다. 완료된 업무, 진행 중인 업무, 진행할 업무를 기한과 함께 정리하면 되죠. 즉, 실제로 진행되는 업무 파악이 최우선인 겁니다.

아직 새롭게 투입된 터라 제대로 파악이 어렵다면, 옆의 예시 양식을 토대로 본인이 작성할 수 있는 영역을 작성한 후 동료 또는 상사에게 전달해주면 됩니다. '내가 파악한 어젠다는 이 정도인데, 추가 보완 의견 주시면 반영해 공유드리겠다'는 식으로 말이죠. 그럼 상사는 속으로 이렇게 생각할 겁니다.

'이번 신입, 느낌이 좋은데?'

딱 5개만 기억하면 칼퇴 보장!
회의록 작성법

출근 첫날 오전, 고객사 회의에 동석하게 됐습니다. 경력 입사자기도 했고 공석이 오래 지속되었던 터라 고객사와의 상견례를 서둘렀던 것 같습니다. 그렇게 저도 낯선 제 명함을 들고 옆자리 사수 이름도 헷갈린 채 회의에 참석했습니다. 처음 듣는 히스토리, 용어들 그리고 분위기를 무시한 채 익숙한 연기를 하며 장단을 맞췄습니다. 그렇게 회사로 복귀하자마자 사수가 메신저로 업무를 보내왔습니다.

"나래 씨, 회의록 작성해주세요."

한동안 답변을 입력하지 못하고 깜빡이는 커서와 함께 눈을 깜빡였던 기억이 있습니다. 회의 내용이 주마등처럼 스쳐 지나가면서 무엇을 어떻게 써야 할지 머릿속이 깜깜해졌으니까요. 결국, 동석한 선배 과장님의 도움을 받아 어찌어찌 써서 첫 출근의 당혹감을 이겨냈었죠.

여러분이 시작하는 홍보인라면, 사실 보도자료나 플랜보다는 회의록을 더 많이 쓸 수 있어요. 사실 회의록은 홍보인이라서기보다는 회사생활을 시작하는 모든 이들의 숙제입니다. 하지만 특히 초보 홍보인이 회의록 작성 스킬을 가져야 하는 이유는 참여하는 회의의 종류와 수가 많기 때문이에요. 고객사 미팅, 외주사 미팅, 기자 미팅, 내부 아이디어 미팅⋯ 커뮤니케이션이 업인 직무이기에 미팅도 '업무'이고 그에 대한 '기록'은 기본이 되지요.

물론 그 외에도 회의록을 막내에게 요청하는 이유는 사수들이 더 생산적인 일에 집중하기 위함도 있지만 회의록을 작성하며 업무 파악이 가능하기 때문입니다. 실무에서 쓰는 단어들을 비롯해 일의 진행 과정을 한 번에 파악할 수 있는 자료가 회의록입니다.

그럼, 시작하는 홍보인이 일기보다 더 많이 쓸 될 회의록은 어떻게 작성하면 좋을까요? 지금부터 기본은 할 수 있는 회의록 작성법을 소개하고자 합니다.

STEP 1. 회의록은 회의 중에 쓰는 것

첫 번째 비결은 회의 시간에 있습니다. 회의록을 회의 중에 쓰는 겁니다. 회의록은 말 그대로 회의 내용을 기록하는 거니까요. 기록하는 것이니 왠지 회의를 마치고 써야 할 것 같지만 그렇지 않습니다. 기록해야 할 주제는 '회의'입니다. 회의록 작성의 출발은 회의장에서 시작되는 것도 당연하지요.

앞서 설명한 회의 준비에 대해 숙지했다면 여러분은 탄탄한 회의자료와 어젠다까지 완벽하게 준비되어 있을 겁니다. 하지만 마음을 놓긴 이릅니다. 우리의 칼퇴는 그렇게 호락호락하지 않거든요. 회의 시간에 정말 회의만 한다면 하루에도 몇 개씩 회의에 참석하는 요즘, 회의가 끝날 때마다 회의록을 작성하느라 야근을 해야 할 거예요. 그러니 회의를 하는 동안에 '초벌 회의록'을 작성해야 합니다. 회의 내용을 따라가기에도 벅찬데, 굉음을 내며 타이핑하기 버거울 것 같나요? 아이러니하게도 회의 중에 회의록을 쓰는 건 회의 몰입도를 더 올려주는 유의미한 업무 습관이기도 합니다. 회의 내용을 구조화해서 이해하기 때문이죠.

그렇다면 무엇을 어떻게 해야 회의도 집중해서 하고 칼퇴에 근접할 수 있을까요? 우선 내 손에 들고 있는 것에서부터 출발해볼까요? 바로 어젠다입니다. 본인이 작성했던 혹은 다른 이로부터 공유받았던 회의 어젠다를 가지고 회의에 참석했다면, 어젠다를 기준으로 결정된 사항과 결정되지 않은 사항을 기재하면 됩니다.

어젠다를 기준으로 초벌 회의록을 쓴다면 아래와 같습니다. 미리 작성해두었던 어젠다를 복사해서 아래와 같이 어젠다 기준으로 정리하면 됩니다. 결정된 사항은 파란색으로, 추가 논의가 필요한 사안은 회색으로 구분해두면 더 좋겠지요.

회의록(회의 중)

■ **회의 개요**

일시: 2022-12-15

ㄴ그룹 참석자: 진양철, 진성준

ㄴ에이전시 참석자: 진도준, 오세연

■ **주요 현안**

퍼블리시티

– A 센터 개관 보도자료 (12/20 배포 완료, 12건 게재 완료)

→ 20건 게재 목표 앵글 다각화 및 추가 RSVP 진행 필요

- B 제품 론칭 보도자료 (진행 중, 12/16 배포 예정)
→ 콜라보 업체 코멘트 확보 필요(Due: 12/15)
- C 프로젝트 성과 보도자료 (미정)
→ 분기 매출 기준 보도자료 배포 여부 최종 확정 필요
   (12/25 추가 논의 예정)

플래닝
- D 캠페인 KPI 달성 현황
→ 목표 KPI 대비 80% 달성 완료
   추가 ER 증대 위한 이벤트 기획 필요(TBD)
- E 캠페인 2022년 견적 운영
→ 예산 미집행 금액 확인 및 소진 필요 여부 검토 필요(Due: 1/7)

기타
- F 행사 랩업 및 리캡
→ 랩업 보고서 수정 필요
   잘한 점 / 보완할 점 추가
   이미지 용량 체크
   현장 스케치 사진 보완
    → (Due: 1/4)
- F 행사 비용 지급 일정 논의
→ 1) 분할지급 업체 체크 요망
   2) 12월 30일자 체크

어떤가요? 지금 당장 회의를 끝내고 나왔을 뿐인데, 논의의 결과물이 어느 정도 보이지 않나요? 회의를 진행하며 어젠다별로 논의 사항을 정리하면 모든 사항을 빠짐없이 다룰 수 있을 뿐만 아니라 정확히 이해했는지에 대한 파악도 현장에서 가능합니다.

이후 필요한 작업은 사수 혹은 내부 관계자에게 당사 입장에서 더하거나 덜어내야 하는 톤앤매너를 검수받는 정도의 업무입니다. 이쯤 되면, 그래도 회의록 때문에 야근하는 불상사는 조금 덜 수 있지 않을까 싶습니다.

STEP 2. 기본은 하는 회의록의 5대 필수 요소

정기 월간회의, 킥오프 회의, 랩업 회의 등 이름도 다양하죠. 각 회의는 목적이나 회의록의 양식이 조금씩 다르겠지만 동일하게 꼭 체크해야 할 5가지 항목이 있습니다.

- Joiner: 참석자
- TPO[Time, Place, Occasion]: 회의 시각, 장소, 목적
- Done: 결과 또는 피드백
- Will Do: 누가 언제까지 무엇을
- TBD[To Be Decided]: 논의가 완료되지 않은 어젠다

참석자Joiner, 회의 시각, 장소, 목적TPO은 회의 개요에 해당하는 내용으로 회의 시작과 동시에 채울 수 있는 항목입니다. 결과 또는 피드백Done은 회의 진행 중 공유되는 결과를 기재하면 됩니다. 주요 성과와 의미, 업무 일자를 중심으로 기재하면 좋습니다. 계획Will Do은 현재 진행 중인 업무로 완료 기한과 함께 기재합니다. 해당 업무의 목표 또는 목적도 기재하면 좋습니다. 논의가 필요한 어젠다TBD에는 말 그대로 '이건 추가 논의가 필요합니다', '미정인데요' 등 앞으로 언급해야 하는 업무를 별도 항목으로 적으면 됩니다. 회의 참석자 외에 의사결정자 또는 논의 필요자가 언급되었다면 함께 기재하는 게 좋습니다.

이 회의록의 필수 요소는 참고할 만한 사전 어젠다가 없을 때 더 유용한데요. 딱 5개만 기억하고 이 분류를 채워넣는다고 생각하면 회의 시간 동안 길을 잃지 않고 회의록을 작성할 수 있습니다. 그럼, 이 필수 요소를 기억하고 본격적인 회의록 작성으로 넘어가겠습니다.

STEP 3. 초벌 회의록을 5대 요소에 맞게 정리하기

회의가 끝났다면 이제 회의 중에 작성한 초벌 회의록을 활용해서 파란색으로 표시한 'Done(결과 또는 피드백)' 또는 'Will Do(누가 언제까지 무엇을)를 구분하여 정리합니다. 추가 논의가 필요해서 회색으로 표시했던 내용은 'TBD(추가 논의 필요)' 항목에 각각 기재하면 됩니다. 아까의 초벌 회의록을 10분 안에 아래와 같이 정리할 수 있습니다.

회의록(회의 후)

■ **회의 개요**
일시: 2022-12-15
L그룹 참석자: 진양철, 진성준
L에이전시 참석자: 진도준, 오세연

■ **주요 현안**
Done
− A 센터 개관 보도자료 (12/20 배포 완료, 12건 게재 완료)

Will Do
− A 센터 개관 보도자료: 추가 RSVP 및 앵글 다각화
(20건 게재 목표)

- B 제품 론칭 보도자료: 콜라보 업체 코멘트 확보 요망(12/14)
- E 캠페인 2022년 견적 운영: 예산 미집행 금액 소진 방향 검토
  (1/7)
- F 행사: 랩업 보고서 수정 필요
  → (피드백)
      잘한 점 / 보완할 점 추가
      이미지 용량 체크
      현장 스케치 사진 보완 → (Due: 1/4)
- F 행사: 비용지급 분할 지급 가부 및 12월 30일 발행 가부
  체크 필요

TBD
- C 프로젝트 성과 보도자료, 12/25 배포 여부 최종 확정 필요
- D 캠페인, 추가 ER 증대 목표 이벤트 기획 여부 확정 필요

이 정도면 당장 오늘 회의부터 적용해서 칼퇴에 도전해볼 수 있지 않을까요?

사실, 회의록은 경력의 내공과 상관없이 항상 쉽지 않습니다. 톤앤매너와 어젠다 사이사이의 맥락을 글로 전달하기 쉽지 않기 때문이죠. 그래도 반드시 담겨야 하는 내용을 파악하고 회의록을 작성한다면 적어도 스스로에게는 업무에 대한 빠른 이해를, 팀

내에서는 믿음직한 일원으로서 신뢰를 얻을 수 있을 것입니다. 많은 회의에 참석시켜 더 많은 경험을 쌓게 해주고픈 인력으로 성장하는 것은 당연한 일이고 말입니다.

'프로다움'은 언제나 현재 진행형

프레인글로벌 최원석 상무

〈대행사〉, 〈에밀리 파리에 가다〉, 〈레이스〉 등 PR 에이전시의 일과 삶을 소재로 한 드라마가 많습니다. 자연스레 PR 업계에 대한 관심과 오해도 생기고 있고요. 화려한 커리어를 지향하는 사람들이 가득한 업계 같기도 하고, 때론 권모술수와 갑질이 난무하는 무자비한 전쟁터처럼 느껴지기도 합니다. 여기 그 실체를(?) 알려줄 한 사람이 있습니다. 바로 프레인글로벌의 최원석 상무입니다.

'프레인'으로도 알려진 프레인글로벌은 국내에서 가장 실력 있는 PR 회사로 평가받습니다. 그곳에서 원석 님은 다양한 개성을 갖춘 20명의 팀원들과 국내외 15개 기업의 언론 홍보와 디지털 PR, 캠페인, 이슈 관리 업무를 진행하고 있습니다. 커리어의 절반

이상을 팀장으로, 17년 이상 한 업계와 회사에서 터전을 일군 홍보 선배가 보는 PR 업계는 어떤 곳일까요? 그리고 이 업계에 이제 막 발을 내딛은 우리는 어떤 커리어 라이프를 경험하게 될까요?

Q _ 우선 현재 담당하고 계신 직무에 대해서 간략하게 설명 부탁드립니다.

A _ PR 회사 프레인글로벌에서 상무로 재직하고 있어요. 주니어 때 나중에 임원이 되더라도 실무를 놓지 않는 '실무형 디렉터'가 되겠다는 저 자신과의 약속을 지키기 위해 현재도 기획부터 실무까지 모든 일을 하고 있습니다. 가장 즐겨 하는 기획planning 업무가 비중이 가장 높아요. 실무 감각을 잃지 않기 위해 지금도 보도자료를 쓰고 제안서도 직접 작성합니다. 소셜 미디어 콘텐츠도 팀원들과 함께 제작해보고요. 지금은 국내에 전문가가 별로 없는 미개척 영역인 해외 PR 분야 확장에 주력하고 있습니다.

Q _ 처음 프레인글로벌에 지원하셨던 이유는 무엇인가요? 17년 전이면 PR 산업 자체가 지금의 AI 산업 같다고 해야 할까요, 미지의 영역이었을 텐데요.

A _ PR 회사로의 입사는 '비의도적 진로'였고 '우연한 만남'이었

어요. 프레인글로벌이 2000년에 창립을 했고 저는 2007년에 공채 1기로 입사했어요. 국내 PR 산업이 시작 단계에 있을 때였죠. 미디어학과 대학원을 다니면서 주전공은 아니었지만 PR 수업을 듣고 관련 논문도 썼기 때문에 PR이 저한테는 낯선 분야는 아니었어요. 하지만 제가 PR대행사에 입사했다고 했을 때 대학원 동기들을 제외하면 PR이나 홍보가 어떤 직종인지 아는 사람은 거의 없었죠. AI 산업과 비교하기는 힘들지만 새로 시작된 산업이었기에 개인 커리어 측면에서는 성장 기회가 열려 있는 무대였죠.

입사 직전에 저는 국내에서 대학원을 졸업하고 미국에서 어학연수를 하면서 미국 대학원 진학을 준비했어요. 대학원 지원을 마치고 결과를 기다리면서 잠시 한국에 들어왔었죠. 원래 계획은 계속 미국에 있는 것이었는데, 한국에 있는 여자친구가 보고 싶어서 귀국했어요. 그때 우연인지 필연인지 지도 교수님을 통해서 프레인글로벌에서 공채를 모집한다는 소식을 접했고요. 미국 대학원에 합격해도 입학 전까지 시간이 있으니 지원해보면 어떻겠냐는 교수님 제안으로 지원, 입사했습니다. 교수님은 제가 대학원에 불합격할 거라고 생각하셨나 봐요.

그렇게 우연히 PR 회사와 인연을 맺게 되었고, 우연이 필연이 되었네요. 미국 대학원 지원 결과와 여자친구는 어떻게 되었을지 궁금한가요? 신입 사원으로 열심히 일하고 있을 때 대학원 두 곳에서 합격 통보를 받았어요. 저는 직장생활을 택했고요. 당시 여자친구와는 입사 3개월 만에 헤어졌어요. 회사와 일을 우선하는 저에게 실망한 여자친구가 이별을 통보했죠.

Q _ 원석 님께도 1년 차였던 시절이 있겠지요. 1년 차 AE의 하루는 어땠는지 궁금합니다.

A _ 그 당시 저는 국내 대기업의 생활가전 마케팅 PR을 담당하고 있었어요. 언론 홍보가 주 업무였기 때문에 아침에 출근해서 전날 배포한 보도자료 기사를 취합해 클라이언트에게 보냈죠. 보도자료 배포가 없는 날에는 보도자료를 작성하고, 있는 날에는 전날 미리 세팅해놓은 뉴스 릴리즈 이메일을 아침 9시 전에 언론사에 발송하죠. 그리고 기자들에게 보도자료 확인을 요청하는 전화를 합니다.

아침 업무가 끝나면 보도자료나 기획자료를 작성합니다. 보도자료 배포가 없는 날이면 마케팅 기획자료를 언론에 피칭하는 업무가 있었습니다. 해당 기획자료 아이템에 관심을 보일 만한 기자를 선별해 전화를 하고 설명합니다. 기사화에 관심을 표명한 기자가 있으면 준비했던 자료를 보내고요.

오후에는 보도사진 촬영을 위해 코엑스 아쿠아리움으로 외근을 나갑니다. 드럼세탁기를 대형 수족관에 전시하는 장면을 촬영해야 했죠. 사진작가, 모델과 미리 준비해간 촬영 앵글을 협의하고 촬영을 진행합니다. 수족관 안에 전시된 세탁기 위로 여성 모델이 손을 흔들면서 지나가는 장면을 촬영하는 쉽지 않은 작업이어서 대략 2시간이 소요됐네요. 보도사진을 선별해 클라이언트 담당자에게 전달하고 사무실로 복귀합니다.

월말에는 월간 리포트를 작성해야 합니다. 한 달간 진행한 PR 업무를 기록하고 보도 성과를 정리합니다. PR 밸류 측정을 위해 광고환산가치AVE, Advertising Value Equivalency를 계산해 리포트에 추가합니다. '불금'이 되어야 하지만 차주 월요일에 보도자료 배포가 계획되어 있네요. 최종 확정된 보도자료와 사진을 확인하고 배포 이메일을 미리 세팅해놓습니다. 늦은 시간 월간 리포트를 마무리하고 퇴근합니다.

Q _ 하루가 정말 길었네요. 그때와 현재 팀의 1년 차 AE의 하루는 많이 다른가요?

A _ 예전과 비교해 요즘엔 신입 사원들의 OJT 기간을 더 길게 가져가는 편이에요. 어느 정도 규모가 있는 PR대행사의 경우

예전처럼 신입 직원이 입사 2개월 만에 보도자료를 배포하거나 기자를 컨택하지는 않아요. 실무 교육과 업무 적응 기간을 최소 3개월에서 6개월까지 둡니다. OJT 기간에는 주로 과장이나 차장급 실무자의 업무를 서포트하죠. 언론 홍보의 경우 뉴스 모니터링과 클리핑, 보도자료 초안 작성, 자료 수집, 리포트 작성 등이 주요 업무예요. 기업과 브랜드의 온드 미디어owned media를 운영하는 디지털 PR 파트의 신입 직원은 콘텐츠 아이디어 기안, 벤치마킹 사례 조사와 수집, 소셜 미디어 모니터링, 리포트 작성이 주요 업무입니다.

대행사의 업무 강도도 많이 유연해진 편이에요. 프레인글로벌의 경우 신규 세일즈를 위한 경쟁 PT 시즌이 아니면, 주니어 실무진이 야근을 하는 일은 별로 없는 것 같아요. 매주 금요일은 해피 프라이데이 제도가 있어 오후 4시 퇴근입니다.

그때도 지금도 홍보 업계는 대이직의 시대, 롱런의 비결은?

Q __ 10년이면 강산도 변한다고 하죠. 17년 전과 가장 달라진 것이 있다면 무엇일까요?

A __ 'PR은 곧 미디어'이기 때문에 PR 산업은 미디어 환경이 빠

르게 변하고 확장됨에 따라서 함께 성장해왔어요. 제가 처음 PR을 시작했을 때는 레거시 미디어^{legacy media}의 시대였기 때문에 PR 직무의 90퍼센트 이상이 언론 홍보였어요. 현재는 디지털 미디어^{digital media}와 크로스 미디어^{cross media}의 시대이기 때문에 PR 영역이 디지털과 콘텐츠 중심으로 확장됐습니다. 전통적인 언론 홍보와 이슈 관리의 중요성은 계속 유지되고 있고, 새로운 미디어 환경에 부합하는 디지털 PR과 인플루언서 PR, IMC(통합마케팅 커뮤니케이션), PR 캠페인의 비중이 높아지고 있지요.

Q _ PR 에이전시의 AE가 되기 위해 필요한 역량이나 성향도 많이 달라졌나요?

A _ PR 실무자의 역량도 많이 바뀌었고 지금도 바뀌고 있습니다. 레거시 미디어 시대에는 PR 실무자의 역량 중에서 '논리^{logic}'와 '관계^{relationship}'가 중요했어요. 논리적이고 관계를 잘 맺는 실무자가 인정을 받았죠. 디지털과 크로스 미디어가 주류가 된 지금은 크리에이티브 역량이 더 중요해졌어요. 현재의 PR은 크로스 미디어를 통해 효과적으로 사람들의 대화를 이끄는 가치 있는 콘텐츠를 기획하고 제작하는 크리에이티브 분야로 가고 있어요. 그래서 오늘날 PR 실무자는 훌륭한 콘텐츠 기획자여야 하고 언드

미디어earned media와 공유 미디어shared media를 이해하고 다룰 수 있는 미디어 전문가여야 합니다. "훌륭한 PR 전문가는 훌륭한 기획자다.A good PR professional is a good planner." 제가 매년 신입 사원 OJT 교육 때 강조하는 말입니다.

저는 AE가 호기심이 많고, 끊임없이 질문하고, 솔루션을 찾는 모험을 즐기는 탐험가 유형의 사람들이라고 생각해요. 호기심과 모험의 끝에는 짜릿한 성취감이 있겠죠. 왜 사람들이 이 트렌드에 열광할까? 저 이슈는 왜 사람들의 이목을 집중시키는 것일까? 우리가 기획하고 있는 이벤트에 사람들이 어떻게 반응할까? 탐험가 유형의 사람들은 이슈와 트렌드에 민감할 수밖에 없고 새로운 솔루션을 항상 추구하는 경향이 있죠. PR 직무에 적합한 성향이라고 생각해요. 실제로 PR을 잘하는 팀원들은 궁금증이 많고 새로운 것을 즐기는 성향을 갖고 있어요. 저도 질문을 많이 하는 팀원들을 좋아하는 편이죠.

Q _ 이직의 시대, 특히 홍보 업계는 이직 주기가 짧기로 유명합니다. 프레인글로벌에서 롱런할 수 있었던 원석 님만의 특별한 비결이 있을까요?

A _ 우리 팀원들과 공채 후배들도 항상 하는 질문이지만 명확

히 답했던 적은 없었던 것 같아요. 지인들은 회사에 대한 로열티가 높아서 그렇다고 하는데, 반은 맞고 반은 틀려요. 저의 경우에 회사와 업業에 대한 로열티는 롱런의 결과지 이유나 동기라고 할 수 없으니까요. 굳이 답을 해보자면 '싫증'이 나지 않았기 때문이에요. PR 회사라는 조직에서 근무하고 PR 일을 하면서 싫증을 느끼지 못할 정도로 '하고 싶고', '해내야 할 일들'이 끊임없이 보였고 찾아졌기 때문에 롱런이라는 결과가 나온 것 같습니다.

물론 방황기나 권태기가 없지는 않았어요. 2017년에 팀장에서 임원으로 승진하는 시기에 권태기가 찾아왔어요. 정확히 10년 차가 되던 해였죠. 여러 이유로 회사에 대한 회의감이 들었고, 업무에 대한 재미와 흥미도 더 이상 느끼지 못했어요. 아마 임원이 되어 임원실이라는 독립 공간으로 들어가게 되면서 '내 뜻대로' 함께 해주는 사람이 줄고, 흥미 있는 목표 의식을 잃었던 것 같아요. 환경 변화가 절실했고, 방황 끝에 이직 대신 박사과정 진학을 선택했죠. 일과 학업을 병행하면서 굉장히 바빠졌고 고민하고 방황할 여유가 사라졌어요. 일과 학업의 병행이라는 환경의 변화는 저에게 새로운 동기를 부여했습니다.

'롱런'은 '오랜 간다'는 뜻으로 긍정적인 의미죠. 반면 '안주한다'는 부정적인 의미도 내포하고 있어요. 아직 저는 '안주'하고 싶지 않습니다. 그래서 새로운 동기 부여를 계속하고 있어요. 요즘 많이 듣는 질문 중 하나가 "언제까지 다닐 거예요?"인데요, 현재 환경에 '안주'하게 될 때 저는 떠나게 될 겁니다.

Q _ 선배나 후배는 물론 동기들의 퇴사도 많이 보셨을 것 같아요. 그럼에도 인하우스 이직이 아닌 PR 에이전시에서 성장하는 길을 택하신 이유가 궁금합니다.

A _ 제가 가장 잘할 수 있고 제 능력을 있는 그대로 인정받을 수 있는 길을 선택한 것이죠. 저는 남들보다 취업을 늦게 한 편이에요. 출발이 늦었기 때문에 남들보다 빠른 속도를 내야 했죠. 경력과 연차는 노력한다고 늘릴 수 있는 것이 아니었기 때문에, 동일 기간에 남들보다 2배의 경험과 2배의 성과를 내기 위해 몰입했어요. 앞으로 5년을 일하면 물리적인 경력은 5년 차가 되겠지만, 경험과 실력을 합한 나의 실무 내공은 2배수로 만들어서 10년 차가 되겠다는 목표를 정했죠.

이 목표를 달성하는 데 PR 회사는 적합한 기회의 공간이었어요. PR 회사는 경력과 연차에 상관없이 욕심 내는 만큼 경험과 성과를 낼 수 있는 기회가 제공되는 곳이니까요. 남들이 기피하는 프로젝트를 자원해서 맡고, 낯선 분야에 도전해서 성과를 만들어냈어요. 조직도 인정과 보상을 해줬고요. 남들이 안 하는 것에 매력을 느끼고, 안 된다는 걸 되게 만드는 것을 즐기는 제 성향과 에이전시 성향이 맞기도 했고요.

물론 인하우스 이직이나 창업을 고민했던 적도 있죠. 대략 3년마다 그 시기가 찾아왔던 것 같아요. 많은 고민들이 있었지만 제 선택은 늘 같았고, 그렇게 지금의 위치까지 오게 되었어요. 제 선택에 후회는 없어요. 다만 다른 조직에 대한 궁금증과 호기심은 계속 갖고 있어요. 경험하지 못한 길에 대한 궁금증이겠죠.

Q _ 사내에서 초고속 승진으로, 업계에서는 국내외 PR 어워즈 최다 수상 기록 보유자라는 타이틀을 갖고 계십니다. 하지만 빛에는 그림자가 따르기 마련이죠. 이런 성장 속에 따라온 성장통도 있었을까요?

A _ 입사 5년 차에 팀장이 되고, 10년 차에 임원으로 승진할 때까지는 솔직히 기억에 남는 큰 방황기도 없었고 성장통도 없었어요. 모든 프로젝트가 재미있었고, 하고 싶은 일을 제가 선택해서 할 수 있었으니까요. 저는 새로운 일로 기존 일의 스트레스를 해소하고 이겨내는 성격이에요. 언론 홍보라는 영역이 답답해지면, 광고도 제작하고 캠페인도 진행할 수 있는 공공 홍보로 제 실

무 영역을 확장했어요. 셀럽 마케팅과 광고가 하고 싶어지면, 기업의 PR 제안 요청에 광고와 PR을 접목한 제안서를 제출하고 수주해서 실행했어요. 'PR의 임팩트는 무엇일까', '내가 뭘 하고 있는 거지?'라는 회의감이 들 때는 어워즈에 응모해서 상을 탔고요. 장기근속으로 회사에 회의감이 들 때는 대학원을 다녔어요.

오히려 성장통은 최근에 겪기 시작한 것 같아요. 경력 20년 차를 앞둔 40대의 사춘기랄까요. 아마도 하고 싶은 것을 제 의지대로 할 수 없는 위치가 되어서 그런 것 같아요. 현재 위치에서 이겨내는 것이 정답일지, 새로운 길에 도전하는 것이 정답일지 고민 중입니다. 물론 PR은 계속하게 되겠죠.

Q _ 인하우스로 이직한 많은 선후배와 동기들을 보셨을 텐데요. 인하우스 홍보 담당자와 비교해 에이전시 AE가 파트너로서 존중받기 위해 반드시 갖추어야 하는 역량은 무엇인가요?

A _ 집밥보다 맛있는 맛집의 주인이 되어야죠. 마케팅 솔루션 맛집이든, 콘텐츠 맛집이든, PR 리절트 맛집이든 인하우스 마케팅 팀보다 솜씨가 좋은 마케팅 맛집이 되어야 합니다. 맛은 곧 비법이자 노하우고 실력이죠. 맛집에서 화를 내는 사람은 없어요. 오히려 불편함을 감수하죠. 차별화된 노하우와 실력으로 승부해야

합니다.

예능 프로그램 〈골목식당〉을 보면 장사가 안 되는 식당은 누가 봐도 맛이 없고 먹고 싶지 않은 음식을 팝니다. 그런데 대다수 식당 주인은 전문가의 조언에 귀 기울이지 않고 맛있다고 고집을 피웁니다. 시청자들이 답답할 정도로 손님 탓, 장소 탓, 운 탓을 합니다.

모든 일에서 99퍼센트보다는 101퍼센트가 낫죠. 아마추어와 프로의 차이는 이 1퍼센트에서 결정이 납니다. 맛집의 주인이 되기 위해서는 남들이 하지 않는 1퍼센트를 더 채워야 합니다. 그러려면 냉철한 자기객관화와 고민, 시간 투자가 필요하죠.

PR 에이전시에서 '일을 잘한다는 것'의 의미

Q __ 원석 님이 생각하는 PR 에이전시의 AE는 무엇을 하는 사람인가요? 그리고 그 일을 잘하려면 어떤 성향이면 좋을까요?

A __ PR 실무자로 17년을 일했지만 여전히 답하기 가장 어려운 질문이에요. 공채 후배들이 PR 비즈니스가 어떤 분야고, PR인이 무엇을 하는 사람인지 알고 실무를 시작하게 하고 싶다는 바람에서 몇 년 전에 '프리즘 솔루션'이라는 OJT 강의를 시작했습니

다. '프리즘'은 'Professionalism'의 약자예요. 'PR 비즈니스는 전문 영역이고 우리는 프로페셔널'이라는 점을 강조합니다. 많은 후배들이 입사 몇 년 후가 되면 PR 직종에 회의를 느끼고 "마케팅을 하고 싶다, 브랜딩을 하고 싶다"는 말을 공통적으로 하는 현실이 안타까웠어요.

PR 회사의 실무자가 무엇을 하는 사람인지 알려면 PR이 무엇인지부터 알아야겠죠. 실무적인 관점에서 PR은 뉴스와 사람들의 '대화'를 촉발시키는 매력적인 콘텐츠와 이벤트를 기획하고 실행하는 일이라고 생각해요. 임팩트가 있는 PR 콘텐츠와 이벤트는 뉴스 보도로 연결되죠. 사람들에게 회자되고 공유되는 힘을 갖고 있습니다.

이런 관점에서 PR 실무자는 뉴스 가치가 무엇인지를 알아야 하고 뉴스가 '일어나게' 만들 수 있어야 하죠. 여기서 뉴스는 언드 미디어를 의미하는데요. 레거시 미디어인 언론이 될 수도 있고 디지털 미디어인 소셜 미디어나 입소문이 될 수도 있어요. PR 실무자가 무엇을 하는 사람인가의 답은 여기에 있죠. PR 실무자는 뉴스와 사람들의 대화에 영향을 주는 언드 미디어 전략을 기획하고 흥미롭거나 창의적인 콘텐츠를 만들어내는 전문가들입니다.

Q _ 직무를 이해하는 데 KPI 지표는 효율적인 접근이 될 것 같습니다. 일전에 저의 사수로서 '아웃풋'과 '퍼포먼스'는 다른 개념이라는 걸 설명해주셨던 만큼 KPI 지표를 정확히 이해하시고 활용하실 거라고 생각되는데요, PR 캠페인에서 주요하게 삼는 KPI 지표로는 어떤 것들이 있을까요?

A _ PR은 성과 측정에 제약이 많다는 인식이 일반적인데요. 전혀 그렇지 않아요. PR 분야도 광고 분야에서 활용하는 성과 지표를 동일하게 사용해서 성과를 측정합니다. 노출impression, 도달reach, 조회view가 대표적인 지표들이죠. 이러한 지표들도 중요하지만 PR과 광고 활동의 KPI로 더 중요하게 고려되는 지표는 아웃풋output이 타깃 소비자와 이해관계자들의 인식과 태도, 행동에 영향을 준 아웃컴outcomes(효과)과 임팩트impacts(영향)입니다. 브랜드나 상품에 대한 인지도와 선호도, 참여도, 구매 의도 등이 아웃풋을 측정하는 지표들이에요. 광고와 PR 콘텐츠에 노출된 소비자들의 반응과 효과를 측정하고 파악할 수 있죠. 대부분의 PR이나 광고 캠페인은 아웃컴 단계의 지표들을 KPI로 설정하는 경우가 많아요.

그러나 궁극적으로는 PR과 광고 활동을 통해 기업이 얻고자 하는 최종 목표인 임팩트를 측정하는 지표들이 KPI로 설정되는 것이 가장 이상적이에요. 예를 들어 제품 판매가 목적인 마케팅 PR^MPR의 경우는 매출과 수익이 PR 활동의 임팩트를 판단하는 KPI가 됩니다. 기업 이미지 PR 활동이라면 기업 평판과 명성, 고객만족도가 궁극적인 KPI가 될 수 있습니다. 기업이나 정부에서 진행하는 공공 캠페인도 마찬가지예요. 금연 캠페인의 경우 최종 KPI는 금연율 증가가 되고, 저출산 인식개선 캠페인은 출산율 증가가 KPI 지표가 됩니다.

그리고 한 가지 꼭 알아두어야 하는 점이 있는데요, PR 분야에는 광고 분야와 다르게 중요하게 고려하는 성과 지표가 있어요. 바로 '검색'과 '입소문word of mouth'입니다. 임팩트를 창출하는 데 성공한 PR 활동과 캠페인은 소비자들의 검색 행동과 대화를 이끌어냈다는 공통점이 있어요. 창의적이고 훌륭한 PR 콘텐츠는 소비자들의 정보 검색과 대화에 영향을 줄 수 있어야 합니다. 포털이나 검색 엔진, 소셜미디어 상에서 소비자들이 특정 제품과 정보를 찾아보는 키워드 검색량과 소셜미디어 내의 대화량이라고 할 수 있는 버즈량buzz volume이 검색과 입소문을 측정할 수 있는 지표들이죠. PR은 소비자들의 정보 탐색과 대화에 영향을 미칠 수 있고, 이를 통해서 임팩트를 창출하는 분야라는 사실을 꼭 기억해주세요.

Q _ "아니, 안 궁금해?" 제가 원석 님에게 가장 많이 들었던 피드백 중 하나였던 것 같아요. 결과에 대한 원인을 집요하게 분석하기를 원하셨잖아요. 요즘 AE분들에게 가장 많이 하는 잔소리는 무엇인가요? 하고 나서 바로 '아차' 하고 후회하는 잔소리가 있다면 또 무엇일까요?

A _ 안타깝게도 잔소리가 많이 줄었어요. 팀원들에 대한 기대가 요즘 많이 식은 것 같아요(웃음). 저는 아무에게나 잔소리를 하지 않아요. 잔소리를 했으면 그에 상응하는 보상도 해줘야 한다는 것이 제 원칙입니다. 그래서 제 잔소리에 귀 기울이고 자기 것으로 만들 수 있는 팀원에게만 잔소리를 합니다. 성과를 내면 진급, 연봉, 인센티브로 최대한 보상을 해주고요.

반면 잔소리가 잔소리로만 끝나는 팀원들도 많아요. 그런 팀원에게는 잔소리를 하지 않아요. 스트레스만 주기 때문이죠. 잔소리 대신 업무 솔루션과 방향을 구체적으로 알려주면 그만입니다. 그렇기 때문에 하고 나서 바로 '아차'하고 후회하는 잔소리는 없어요. 성향 파악을 잘 못해서, 기대치를 너무 높게 잡아서 잔소리하고 후회하는 대상(사람)만 있을 뿐이죠.

요즘 즐겨 하는 잔소리는 "안 되는 것을 되게 만들어야지"라는 것이에요. 평소 "안 될 것 같아요" 같은 말을 싫어하는 편인데요.

"되는 것을 되게 만드는 것은 누구나 할 수 있다. 안 되는 것을 안하는 것도 누구나 하는 것이다"로 시작해서 "안 되는 것을 되게 만드는 것이 프로페셔널이고 우리가 해야 할 일이다"라고 끝나는 잔소리를 합니다. 물론 귀담아들을 만한 팀원에게만요.(웃음)

여전히 "이게 안 궁금해?", "이걸 실행하면 어떤 결과가 나오는데?", "우리가 해서 옆 팀도 모를 일을 왜 해야 하지?", "우리가 소비자라면 이 콘텐츠 보고 '좋아요' 누를 것 같아?", "듣고 본 사람이 질문할 게 없도록 기획안과 리포트를 만들어야지"라는 잔소리는 자주 해요. 풀어놓고 보니 다소 숨이 막히긴 하네요.

Q _ 2015년 6월 자리를 옮기던 날이었어요. 원석 님이 당시 사원 2년 차인 저를 같은 파티션의 대각선 뒤에 앉히시고는 저를 'PR 여전사'로 만들겠다고 우스갯소리로 공언하셨던 때가요. 원석 님이 성장시키고 싶은 후배는 어떤 사람인가요? 후배를 길러내겠다는 다짐과 의지는 어떤 마음으로 가능한 것일지요?

A _ 제가 마음을 주는 후배는 패턴에서 벗어나려는 노력을 할 수 있거나 실제로 패턴을 깰 만한 잠재력이 있는 사람이에요. 아웃사이드 마케팅Outside Marketing이라는 용어를 만든 적이 있는데요. 스포츠에서 규정선 밖으로 공이 나가는 아웃사이드 개념을

마케팅에 적용한 거예요. 전통적인 마케팅 방식이나 틀을 깨면 주목을 받고 성공 가능성도 높아지잖아요.

주니어 연차의 PR 실무자들이 업계와 선배들의 업무 패턴을 빨리 습득하고 기존의 실무 패턴에 능숙해지는 것은 어렵지 않아요. 속도에 차이가 있을 뿐이죠. 3년이 걸리든 5년이 걸리든 누구나 시간이 지나면 동일한 지점에 도달하죠. 하지만 익숙해진 패턴에서 벗어나는 것이 더 중요합니다. 기존의 패턴을 깨는 시도는 아무나 할 수 없어요. 일과 업에 대한 욕심이 많거나 노력형이거나 새로운 것을 지향하면서 변화와 도전을 즐기는 사람들이 패턴을 깰 확률이 높아요. 하나를 알려주면 둘을 알고, 10가지에 적용하는 실무 감각을 타고난 유형도 그렇죠. 이런 유형의 후배들에게는 더 많이 알려주고 함께 성장하고 싶은 욕심이 생깁니다.

Q __ "일은 열심히가 아니라 잘해야 하는 것"이라고 항상 말씀하셨습니다. 그래서 항상 고민했던 게, '일을 잘한다는 건 대체 무엇일까?'였는데요. 원석 님이 생각하는 PR 에이전시에서 '일을 잘한다'의 정의는 무엇일까요? 그리고 일을 잘하기 위해서는 어떤 공부를 해야 할까요?

A __ 제가 가장 싫어하는 말 중 하나지만 자주 하는 말이기도

해요. 업무에서 성과를 내는 직원들과 그렇지 않은 직원들을 구분하기 위해서 어쩔 수 없이 쓰게 됩니다.

'워비곤 호수 효과Lake Wobegon Effect'라는 개념이 있어요. 모든 사람들은 자신이 평균보다 더 낫다고 착각하는 오류죠. 실제로 100명의 직원에게 물어보면 100명 모두 자신이 열심히 일했고 실무 능력이 평균보다 높다고 답합니다. 하지만 실제로는 그렇지 않죠. 남보다 힘들게 열심히 일했고 실무 능력까지 좋으면 성과가 따라와야 합니다. 일을 열심히 했다는 것과 실무 능력이 좋다는 것은 주관적인 평가만 가능합니다. 어떤 정량적인 평가 수치를 제시해도 사람들은 납득하지 않고 설득되지 않아요. 우리 모두는 워비곤 호수에 있는 직장에 근무하고 있으니까요.

성과는 객관적인 지표로 측정이 가능하죠. 조직과 개인, 평가자와 피평가자가 모두 납득할 수 있는 평가 지표야말로 일을 열심히 하고 실무 능력을 높여서(원인 변수) 개인이 달성하거나 창출한 성과(결과 변수)입니다. 프로페셔널은 독립 변수나 원인 변수로 어필하지 않죠. 결과 변수로 평가를 받습니다. 그래서 "일은 열심히가 아니라 잘해야 하는 것"이라는 말은 성과로 정당한 평가를 받으라는 의미라고 할 수 있어요.

PR 에이전시에서 '일을 잘한다'는 것은 남보다 '두드러진 성과'

를 창출했다는 뜻입니다. 앞에서도 언급했지만 성과를 내는 방법에는 2가지가 있어요. 주니어 연차에서는 남들보다 기존 실무 패턴을 빠르게 습득하면 됩니다. 그리고 모두가 전통적인 실무 업무를 어느 정도 해내는 시니어 연차에서는 기존의 패턴을 벗어나거나 패턴을 깨는 능력을 갖춰야 하고 변화를 시도해야 합니다. 영역의 경계 없이 끊임없이 궁금해하고, 묻고, 답을 찾아야 하고 남들이 가지 않은 길을 가야 하죠.

Q _ 맨파워manpower가 경쟁력인 PR 에이전시의 특성상 인력 육성은 피할 수 없는 과정입니다. 원석 님도 많은 후배들을 가르치고 육성하셨던 만큼 지속가능한 성장을 기대하는 미래의 PR인들에게 해주고 싶은 말씀이 있을까요?

A _ PR 에이전시는 사회 초년생들에게 폭넓은 커리어를 쌓을 수 있는 좋은 출발점이 될 수 있다고 생각해요. PR 에이전시에서는 나이나 연차에 상관없이 다양한 기회를 얻을 수 있고 능력과 성과를 인정받을 수 있어요. 저는 신입 사원이라 할지라도 해낼 수 있다고 믿는 팀원이 있으면 경쟁 PT를 맡깁니다. 실제로 작년과 올해 상반기에 1~2년 차 팀원들에게 외국계 기업의 경쟁 PT에서 프레젠터라는 중책을 맡겼고 다섯 차례 모두 수주했어요. 도

전은 두려움의 대상이 아니라 준비된 자에게 주어지는 기회라고 생각해요. 도전을 해야 성취감이 생기고 성취감이 있어야 일을 즐길 수 있어요. 나만의 무기를 만들고 기회가 주어지면 도전하세요. 비즈니스 영어, 디자인, 코딩, 영상, 프레젠테이션 스킬, 기획력 등이 나만의 무기가 되겠죠.

Q _ 마지막으로 한 편의 영화 리뷰처럼 PR 에이전시의 PR 전문가로서 원석 님의 커리어를 한 줄로 리뷰해주세요.

A _ '프로다움의 현재 진행형'이라고 한마디로 요약하고 싶어요. 진정한 프로가 되고 싶었고, PR 직무에서 저 자신한테 떳떳할 수 있는 프로페셔널리즘을 지향해왔어요. 아쉽게도 커리어의 완성도 측면에서 별점 다섯 개를 줄 수는 없어요. 그렇지만 제 스스로에게 지난 17년의 커리어 생활이 '재미있었다'고 박수를 쳐줄 수는 있죠. 제 커리어가 남들보다 알차거나 화려하다고 할 수는 없지만, 누구보다 PR이라는 업을 즐기면서 후회 없이 일했다고 자평할 수는 있으니까요.

PART 2

홍보인의 글쓰기

첫인상을 좌우하는 기업의 자소서, 프레스킷

입사 지원 과정 중에서 여러분을 가장 힘들게 한 것은 무엇이 었나요? 저는 자기소개서였습니다. 나를 소개한다는 것 자체가 낯설기도 했지만 무엇보다 '내가 나를 이렇게 모르는구나' 하는 자괴감도 한몫했던 것 같아요. 아이러니한 점은 자기소개서를 쓰면서 '나'를 규정해갔다는 겁니다. 적어도 '나라는 사람이 이렇게 보였으면 좋겠다'는 가치관을 정립할 수 있었죠. 각자 나름의 자기소개서라는 관문을 통과하고 얼마 되지 않아 이 책을 펼쳤을 여러분에게 프레스킷Press Kit은 가혹한 주제일 수도 있겠습니다. 프레스킷은 결국 기업의 자기소개서인 셈이거든요.

프레스킷은 '회사의 정보를 기자들에게 전달하기 위한 목적으로 만든 제작물'입니다. 쉽게 말해 기자에게 전달하고 싶은 주요 정보를 모아놓은 문서죠. 여러분이 기자 미팅을 하거나 기자와 소통하면서 가장 많이 듣는 소리 중 하나가 "프레스킷 출력 좀 해주세요", "프레스킷 좀 보내주세요"일 겁니다. 자꾸 이 요청을 받다 보면 문득 '회사 소개서나 공식 홈페이지가 있는데도 왜 우리는 프레스킷을 만들어야 하나' 하는 생각도 들 거예요.

프레스킷의 핵심 요소

프레스킷의 독자는 '기자'입니다. 즉, 다른 독자가 아닌 '언론'이 다뤄줬으면 하는 소식과 문장을 선별해서 차별화된 정보를 담아야 합니다. 일종의 '정보의 미끼'를 던지는 행위라고 볼 수 있죠. 프레스킷의 핵심 요소인 기본basic, 최신newest, 그리고 이야기story를 살펴보면 조금 더 쉽게 이해할 수 있습니다.

제1요소인 '기본'은 말 그대로 기본 정보입니다. 기업의 기본 정보는 무엇일까요? 보통 '대표성'이 있는 정보를 말합니다. 대표적으로 회사명, 회사의 공식적인 이름이 정확하게 기재돼야 합니다. 당연한 것 아니냐고 할지 모르겠지만 '(주)가나그룹'이라고 할지, '가나_그룹'이라고 할지, '가나그룹'이라고 할지, 놓고 보면 다르지요. 그러니 명확하게 통일해 기재해야 합니다.

'숫자'로 대변되는 기본 정보도 꼼꼼히 챙겨야 합니다. 회사 규모에 따라 직원 수, 계열사 수, 매출, 성장률, 매출 등의 데이터가 있습니다. 여기서 잊지 말아야 할 것은 이 숫자들이 자기소개서, 그러니까 프레스킷에 적힌다는 사실입니다. 굳이 알려줄 필요 없거나 부정적인 정보는 알려주지 않아도 되겠죠. 직원 수가 많아서 회사의 규모를 보여줄 수 있다면 기재하겠지만 스타트업처럼 소규모라면 굳이 기재할 필요는 없어요. 계열사도 마찬가지입니다. '문어발식 사업확장', '족벌경영' 등의 이슈가 있는 기업이라면 굳이 계열사 정보를 오픈할 필요가 없습니다. 기업공개의 의무가 없는 비상장사의 경우, 보통 '매출'은 오픈하지 않고 '전년 대비 매출성장률' 정도만 제공합니다. 당연히 전년 대비 매출성장률이 긍정적일 때요.

회사의 대표 '제품' 또는 '서비스'도 꼭 포함돼야 할 기본 정보입니다. 식음료 회사라면 스테디셀러 또는 신제품 정보가, 애플리케이션 서비스 회사라면 애플리케이션 소개를 비롯해 다운로드 수, MAU(월간 활성 사용자 수) 정도의 정보가 기재되면 좋겠죠. 기자가 '아, 이 분야를 다룰 때 사례로 넣어야겠다'라는 판단이 들 수 있도록요.

기본 정보로 기반을 탄탄하게 다졌다면 프레스킷의 제2요소인 최신 정보를 더해봅시다. 기업의 최신 정보는 보통 '보도자료'로 제공될 겁니다. 그러니 최근 배포한 보도자료를 프레스킷 뒤에 추가하면 좋습니다. 기자가 자연스럽게 프레스킷을 접함으로써 기업의 최근 보도 이슈를 알 수 있게 될 테니까요. 보통 최근에 배포한 보도자료 3~4개를 업데이트하거나, 브랜드의 주요한 마일스톤(론칭, 시장점유율 1위 등)과 관련한 자료를 프레스킷 뒷부분에 첨부합니다.

프레스킷의 제1요소인 기본 정보와 제2요소인 최신 정보는 보통 7:3의 비율로 구성됩니다. 이는 브랜드 또는 기업의 인지도와 상관없이 제공하는 게 원칙입니다. 프레스킷은 매체에게 전달하는 기업의 공식적인 소개 자료이기 때문입니다. 일종의 매체 전달용 공시자료인 셈이죠. 매체에서 기업에 대한 이해도가 높다 해도 홍보 담당자 입장에서 기본 정보 전달을 생략할 수는 없습니다. 가급적 매체가 기업의 메시지를 왜곡 없이 전달하게 하는 것이 홍보인의 역량 중 하나이기 때문입니다.

제3요소는 어쩌면 브랜딩이 중요한 요즘 시대에 가장 중요한 요소일지도 모르겠습니다. 바로 '이야기'입니다. 우리 회사만이 갖고 있는 이야기를 팔아야 합니다. 가장 기본적으로 회사의 창업 배경과 CEO의 경영관을 들 수 있습니다. 창업주가 회사를 왜 설립했는지, 기업의 비전과 미션은 무엇인지 이야기하는 것이죠. 비록 정제된 문장과 개요 형식의 키워드로 제시되겠지만 기자 또한 독자인지라 단순한 '문구'가 아닌 그 안에 담긴 '이야기'에 더 관심이 가게 됩니다.

CEO의 경영관 또한 마찬가지입니다. CEO의 약력은 회사 공식 홈페이지를 통해서도 확인할 수 있습니다. 대기업이라면 포털 사이트 인물 정보에서도 볼 수 있죠. 하지만 우리 CEO의 어떤 전문성과 직업관이 이 기업에 어떤 영향을 끼치는지 긍정적인 에피소드를 발굴하고 스토리화하는 작업이 필요합니다.

인물이 아니라 제품이나 서비스 자체에 집중할 수도 있습니다. 프레스킷에 풀어낼 제품이나 서비스에 관한 이야기는 보통 소비자들이 품고 있는 불만이나 궁금증을 해소한 성과입니다. 드라마에서 '출생의 비밀'이 엄청난 서사를 불러일으키는 것처럼 제품과 서비스의 '스펙'보다 그 출생 배경이 더 큰 관심을 끌 수 있습니다. 국내를 벗어나 해외 시장에서 기술력, 가격 경쟁을 하고 있는 요즘에는 더욱더 그렇습니다.

포털 사이트는 알려주지 않는 프레스킷 관련 FAQ

문제는 항상 '그래서 어떻게 만들지?'로 귀결됩니다. 당장 사수가 프레스킷을 만들라고 하는데, 무슨 내용을 어디서 찾아서 써야 할지 앞이 깜깜하기만 하죠. 그래서 준비했어요. 프레스킷을 만들 때 시작하는 홍보인이 겪게 될 고난과 답변을요!

Q1. 무엇부터 시작하면 될까요?

목차부터 구성하세요. 모든 문서는 개요 싸움입니다. 기업의 자기소개서인 프레스킷도 마찬가지죠. 그럼 개요에 무엇이 들어가야 하냐구요? 반드시 들어가야 하는 기본 중의 기본 체크리스트를 살펴보면 다음과 같습니다.

- 기업 소개: 무엇이
- 미션과 비전: 왜
- CEO: 누가
- 상품: 어떻게
- 성과: 결과
- 연혁: 언제

이 6개 요소는 프레스킷의 개요, 즉 목차를 구성할 때 기본으로 들어가는 요소입니다. 문서의 진리인 육하원칙에 근거해서 일단 목차를 구성하세요. 그럼 기본은 해낼 수 있을 겁니다.

Q2. PPT vs. 워드, 무엇으로 만드나요?

양식이 없고 새로운 문서를 만들 때, 항상 첫 고민은 PPT와 워드, 둘 중에 무엇으로 만드냐는 것입니다. 프레스킷도 마찬가지죠. 그런 고민이 들 때는 산업의 특성에 기반해서 결정하면 됩니다. 쉽게 말해 활용 가능한 이미지가 풍부하고 중요한 산업인지를 따져보면 됩니다. 요즘 이미지가 중요하지 않은 산업이 어디 있냐고 반문할 수도 있어요. 하지만 의외로 텍스트가 더 중요한 산업도 많습니다. 비주얼보다 수치나 정보가 더 중요한 산업도 있으니까요. 그런데 우리는 시작하는 입장이니 뭐가 중요한지 모를 수 있어요. 그래서 경험상 임의로 나누자면 이렇습니다.

FMCG, 애플리케이션은 PPT를, 금융, 제약, 공기업은 워드를 추천합니다. 흔히 유통이라고 이야기하는 소비재 기업, 예를 들어 뷰티, 패션, 식품은 PPT가 좋습니다. 상대하는 기자들도 텍스트보다 이미지 자료를 필요로 하는 경우가 많고 팩트 기반보다 트렌드를 짚는 경우가 많거든요. 데이터나 상세 설명이 더 중요한 산업군에는 워드가 좋습니다. 은행, 증권을 비롯해 핀테크와 같은 금융권이라든가 임상 결과, 적응증 등 단서 조건을 많이 기재해야 하는 제약 업계 등이 대표적이죠. 약품 패키지나 금융 상품 배너보다는 구성 성분과 제한사항들이 기사 작성에 더 필요한 부분일 테니까요.

Q3. 기업의 자기소개서면 존댓말로 쓰나요?

아니요, 반말로 씁니다. 프레스킷의 대전제는 언론 기초자료입니다. 기초자료란 기자가 기사를 구성하는 데 활용할 수 있는 자료라는 의미죠. 마감이 임박한 기자가 기업의 공식 입장인 프레스킷의 한 문구를 가져다 쓰는데 존댓말로 쓰여 있다면 깊은 한숨을 내쉴 겁니다. 글을 쓸 때는 무엇보다도 문서의 타깃을 항상 고려해야 합니다.

Q4. 회사소개서와 프레스킷은 뭐가 다른 건가요?

크게 다를 건 없습니다. 다만, 언론용으로 나가는 소개서이니까 대략적인 정보보다는 최신 트렌드와 관련 있는 기업의 정보가 많으면 본 취지에 더 부합하겠죠. 비전이나 미션처럼 기업의 아이덴티티보다는 개별 브랜드나 제품의 성과와 의의를 구성하는 것이 매체 입장에서는 이야깃거리를 만들기 더 좋습니다.

Q5. 업데이트는 얼마나 자주해야 하나요?

원칙은 매일이지만, 매일 하기 힘들다면 적어도 보도자료를 배포하는 주기별로 업데이트합니다. 보도자료를 배포한다는 건 기업의 이슈가 있다는 뜻이고 그건 단순히 최신 자료를 덧붙이는 것이 아니라 연혁, 주요 성과, 중요한 수치 등에 업데이트할 부분이 있다는 얘기니까요. 뿐만 아니라 기본적으로 누군가에게 전달할 때마다 업데이트 또는 검수하는 작업이 필요합니다.

막막한 보도자료 쓰기,
'세수'만 잘해도 기본은 한다!

단 네 글자로 아우라가 뿜어져 나오는 단어, 보도자료. 홍보인에게 보도자료 작성은 매력적인 일입니다. 언론에게 기업의 이슈를 공식적으로 알리는 자료고, 한 기업의 이야기를 내 손으로 써내는 거니까요. 단, 그 과정이 쉽지만은 않죠. 왕관은 무거운 법이니까요.

보도자료는 이제 막 홍보인의 커리어를 시작한 여러분들이 넘어야 할 또 하나의 산입니다. 모니터링 누락도 없고 회의록도 곧잘 써서 적응했다 싶었을 때 보도자료 초안을 써오라는 미션을 받는 경우가 많거든요. 산 넘어 산이지요.

초보 홍보인이 보도자료 초안 작성에 어려움을 겪는 이유는 딱

한 가지입니다. 써보지 않아서죠. 불행 중 다행으로 사수는 여러분에게 완전한 보도자료를 기대하지 않을 겁니다. 그도 그랬고 그의 선배도 그랬듯이 보도자료는 수학공식처럼 외워서 해낼 수 있는 업무가 아니고 쓰는 만큼 역량이 올라오는 업무니까요. 그렇다면 사수가 여러분의 보도자료에서 기대하는 최후의 마지노선은 무엇일까요?

바로 '화장은 못했어도 세수는 한 글'입니다. 사수는 적어도 오탈자와 비문이 없는 기본이 되어 있는 글을 기대합니다. 이건 비단 보도자료만의 영역은 아닐 겁니다. 다만, 보도자료는 기업의 공식적인 글쓰기 영역인 만큼 이 '기본기'가 절실합니다. 간혹 업계에서는 오탈자와 비문이 있는 글을 빗대 기본이 안 되어 있다는 의미로 '세수도 안 한 글'이라고 표현합니다. 세수도 안 한 사람에게 화장을 가르쳐줄 수는 없습니다. 글도 마찬가지죠. 맞춤법 검사는 본인 선에서 마무리해서 가져와야 사수는 그다음 차원의 발전적인 검토를 해줄 수 있습니다. 사수도 여러분과 동일하게 하루 8시간 근무를 약속한 노동자입니다. 검토할 시간이 한정적인 상황에서 여러분은 사수에게 무료 맞춤법 검사를 받고 싶으신가요? 아니면 보도자료의 구조, 헤드라인, 관계자 코멘트에 대한 제언을 듣고 싶으신가요? 무엇을 희망하든 타깃의 니즈를 정확히 꿰뚫는 보도자료를 쓰는 역량을 키우기 위해서는 후자의 제언이 쌓여야 합니다.

제가 주니어 시절 많이 들었던 피드백이 있습니다. "이 론칭 보도자료 쓰기 전에 다른 브랜드 론칭 기사 몇 개나 확인해봤어요?" 사수에게 이 말을 들을 때면 의아했죠. '이슈도 다르고 브랜드도 다른데 왜 타사의 기사를 확인하라는 걸까' 하고요. 몇 개나 확인해야 할지 감이 잡히지 않는 것도 당연한 일이었고요.

이 과정은 일종의 성공 사례success case를 확인하고 벤치마킹할 포인트를 찾기 위함입니다. 기자는 하루에 족히 100개가 넘는 보도자료를 받습니다. 많은 보도자료 중에서 뉴스밸류가 있다고 판단한 자료를 선택하고 활용해 보도합니다. 즉, 이미 기사화가 되었다면 그건 기자가 선택한pick, '성공한 보도자료'인 셈입니다. 타사에서 쓴 워딩은 무엇인지, 할인율을 강조했는지, 신조어를 활용했는지 등 체크하면 그만큼 우리가 준비하는 자료를 강화할 방법이 보이는 거죠. 그렇기에 보도자료를 작성할 때 당사의 이전 보도자료는 물론 타사의 최근 보도기사를 확인하면 조금 더 돋보이는 보도자료를 완성할 수 있습니다.

주니어 시절을 지나 제가 후배 AE에게 자주 하는 말도 있습니다. "이 자료, 퇴고하고 제게 주신 건가요?" 안타깝게도 제가 후배에게 이 말을 하는 경우는 크게 둘 중 하나입니다. 보도자료 내 오탈자가 보이거나, 양식이 맞지 않을 때입니다. 특히 '이비다' 같은 오탈자가 보이는 경우에는 검토 자체를 포기합니다. 스스로 맞춤법 검사기가 되고 싶지는 않기 때문입니다. 오탈자만큼이나 사소한 것을 지키지 않을 때도 그렇습니다. 예를 들어 보도자료 내 관계자 멘트에는 마침표를 찍지 않습니다. "○○그룹 관계자는 '이번 신제품 론칭은 ESG 경영에 대한 소비자 관심을 반영한 것으로 앞으로도 소비자 니즈를 반영한 제품 개발에 힘쓰겠다'라고 밝혔다."처럼 '힘쓰겠다' 뒤에는 마침표를 찍지 않아야 하죠. 또한 기본적으로 숫자는 숫자로 표기하지 않는 것이 원칙입니다. '12,000원'이 아니라 '1만 2천 원'으로 써야 합니다.

사수는 주니어에게 완전한 보도자료를 기대하지 않습니다. 다만 말끔하게 세수한 민낯처럼 깨끗한 자료면 충분합니다. 본인이 쓴 자료에 대해 '공유받은 양식에 맞추어, 맞춤법 검사기를 돌려 완전한 문장으로 완성했는지' 스스로 질문해보세요. 그런 다음 사수에게 자료를 건넨다면, 적어도 1차적인 피드백 때문에 여러분이 성장할 기회를 놓치지는 않을 거예요.

맞춤법과 양식에 집중하는 신입이든 더 나은 내용을 고민해야 하는 시니어든 절대 잊지 말아야 할 것도 있습니다. 보도자료는 '고객사의 언어'로 작성되어야 한다는 사실입니다. 앞서 프레스킷 작성 때도 언급했지만 회사명을 '㈜가나그룹'으로 쓸지 '가나그룹'으로 쓸지 통일해야 함을 보도자료에서도 이렇게 또 이야기합니다. 입사 첫날 관계사와 그룹사 사명의 띄어쓰기 및 영어 표기법이 어떻게 다른지 숙지하고 시험을 봤던 기억이 떠오르네요. 그때는 '아니, 어차피 고유명사라 띄어쓰기가 달라진다고 의미가 다른 것도 아닐 텐데, 왜 이러는 걸까' 의아해했죠. 하지만 그건 기업의 이름이 모든 자료와 모든 소통의 '주체'가 되기 때문입니다. 간혹 시작하는 홍보인들은 워드 파일에 띄어쓰기 규칙에 따라 고객 사명을 띄어쓰곤 합니다. 하지만 그건 틀렸습니다.

좀 더 명확한 이해를 돕기 위해 기업을 수식하는 단어를 살펴볼까요. 이 또한 담당자가 임의로 만들어선 안 됩니다. 한 예로 '건강식품기업 ○○○'과 '건강기능식품 ○○○'은 천지차이입니다. 건강식품은 일반 식품이지만 건강기능식품은 식약처에서 인증을 받은 기능식품이기 때문이죠. 그래서 각 고객사는 자기들을 어떤 기업으로 규정할지 스스로 결정합니다. 나아가 고객사가 스스로를 규정한 언어는 그들의 공식 사이트나 프레스킷을 통해 확인하는 것이 가장 정확합니다. 보도자료의 핵심이 되는 부분은 '주체'입니다. 당연히 그 '주체'에 대한 정확한 기재와 규정은 보도자료의 첫걸음이자 명확한 자료를 작성하는 기본이 되겠지요.

어떤가요? 생각보다 기본은 할 수 있겠다는 자신감이 생기지 않나요?

한 문장에 모든 것을 담아라!
보도자료 작성의 필승 공식

보도자료는 사실 정형화된 언론자료입니다. 즉, 정해진 구조가 있다는 거죠. 기본적으로 구성되어야 하는 단락 구조를 이해한 후 자료의 개요를 잡고 작성하면 쉽게 접근할 수 있습니다.

일반적인 기업의 보도자료는 5~6개의 파트로 나눠집니다. 헤드라인, 리드, 본문 1, 본문 2, 관계자 코멘트, 부연설명 정도입니다. 그럼 각 파트에 들어가야 하는 내용을 차례차례 살펴볼까요?

헤드라인

"헤드가 반이야."

"기자님, 기사 헤드라인만 좀 수정 부탁드릴 수 있을까요?"

실제로 언론 홍보를 하면 이런 말을 많이 하게 됩니다. 그만큼 보도자료의 핵심이죠. 헤드라인은 쉬운 말로 보도자료의 제목입니다. 이 자료의 '주제'를 한 문장으로 작성하면 됩니다. 그런데 말이 쉽지, 수능 언어영역에서도 항상 어려웠던 문제가 글의 중심문장 찾기이건만 헤드라인으로 그걸 써낸다는 게 쉽지만은 않을 거예요.

그럴 때는 이 자료를 쓰게 된 계기를 생각해보세요. '나 이 자료 왜 썼지?', '나 이 자료 기자한테 뭐 알려줄려고 썼지?' 생각하면 조금 쉽게 키워드가 나올 겁니다. '신제품 나와서 썼지', 'MOU 체결한 거 투자자한테 알려주려고 했지' 등 보도자료를 작성하게 된 배경을 생각하면 제목에 써야 할 키워드를 자연스럽게 떠올릴 수 있습니다.

산업에 따라 다르긴 하지만 헤드라인에 자주 등장하는 단어는 '출시', '달성', '전개', '공개', '체결', '수상' 등이 있습니다.

리드

"리드는 웬만하면 단문으로 한 줄 안에 승부를 내."

제가 사수에게 가장 많이 들었고 사수로서 많이 하는 말인데요. 리드는 첫 번째 단락으로 보도자료의 핵심 단락, 즉 주제 문장입니다.

주제 문장이라는 말은 이 보도자료에서 다룰 내용을 모두 내포하고 있어야 한다는 뜻입니다. 보도자료는 흔히 역삼각형 구조라고 합니다. 지극히 두괄식 구조인 글짓기인데요. 리드에 제시된 핵심 키워드에 대한 부연설명 그리고 또 그것에 대한 부연설명을 하는 식으로 구조화된 글입니다. 헤드라인만 보고도 어떤 이슈인지는 파악이 되어야 하고 리드만 보고도 전체 자료가 무슨 내용을 설명할지 그려져야 합니다. 예를 들어 다음과 같은 리드 문장이 있다고 가정해봅시다.

"A메신저가 흑묘년 새해맞이 신규 이용자 대상 '토끼를 잡아라' 이벤트를 진행한다."

이 리드 문장의 핵심 키워드는 무엇인가요? 바로 'A메신저가 진행하는 토끼를 잡아라 이벤트'입니다. 그렇다면 뒤에 이어지는 본문 1과 본문 2는 자연히 이 이벤트에 대한 내용을 풀어주면 되겠죠. 다시 말해 리드 단락은 본문 1과 본문 2에서 다룰 내용을 압축적으로 한 문장으로 제시해주는 역할을 합니다.

본문

본문에서는 보통 리드 단락의 핵심 키워드가 무엇인지에 대한 설명을 합니다. '토끼를 잡아라' 이벤트가 온라인 이벤트인지, 오프라인 이벤트인지, 인증샷 이벤트인지, 댓글 참여 이벤트인지 등 이벤트의 형식과 규모를 설명합니다. 일반적으로 소비자 입장에서 참여 방식이나 해당 키워드의 차별화 포인트를 이야기해주는 식으로 씁니다. 나아가 마케팅 목표 등의 수치를 제시하며 이 주제가 가진 '산업적 의의'를 설명합니다.

관계자 코멘트

관계자 코멘트는 형식적으로 들어간다고 생각할 수 있습니다. 하지만 외국에서는 '쿼트quote'라고 해서 이 관계자 코멘트로 인해 자료의 가치가 많이 달라지곤 합니다. 관계자 코멘트의 유무 그리고 주체에 따라서 뉴스밸류가 달라지는 것이지요.

우리도 관계자 코멘트를 작성할 때 고려해야 할 것이 있습니다. 바로 이 코멘트 내용이 코멘트 주체의 직급 및 관점과 부합하는 멘트인지를 따져보는 것입니다. 예를 들어 임원진들은 회사 전체의 방향성을 결정하는 사람입니다. 기업 규모에 따라 다르긴 하겠으나, 일반적으로 판촉이나 프로모션 활동의 코멘트 주체로서는 적합하지 않죠. 단발적인 이벤트를 알리는 기사의 코멘트는 담당 PM이 마케팅 트렌드와 함께 이야기하는 게 더 적합할 겁니다.

형식상으로 관계자 코멘트의 인용 문구에는 마침표를 찍지 않습니다. 사소하다면 사소하고 기본이라면 기본이지만, 인용 문구는 그 문구 자체가 하나의 문장으로 끝나지 않기 때문에 해당 따옴표 안에는 마침표를 찍지 않고 해당 주체 문장의 서술어 뒤에 마침표를 찍는 것이 맞습니다. 굳이 중요하지도 않은 것에 책잡혀 한소리 듣는 것보다 미리 알아두는 편이 낫겠죠?

부연설명

말 그대로 부연설명입니다. 들어가도 되고 안 들어가도 됩니다. 다만, 우리는 홍보인이니까 기업의 이슈를 기회가 될 때마다 많이 알리는 게 좋겠죠? 그래서 기업의 주요 마일스톤이나 최근 유관 정보를 함께 제공하곤 합니다. 여러분들이 기사에서 '한편~'이라는 접속사 이후에 접하게 되는 정보들이 바로 그러한 부가적인 정보에 해당합니다.

보도자료는 이슈의 종류에 따라 약간의 변형은 있지만, 위 구조에서 크게 벗어나지 않습니다. 물론 소송이나 위기 이슈와 관

삼성전자, 펫팸족 맞춤 '마이펫 플랜' 출시

2023 / 01 / 19

삼성전자가 펫팸족(펫+패밀리) 맞춤형 서비스 '마이펫 플랜'을 선보인다.

마이펫 플랜은 펫 케어 기능을 탑재한 가전 구매 고객들에게 사료나 간식 등 펫푸드 비용 부담을 대폭 낮춰주고자 기획됐다.

우리카드로 삼성 펫 특화 가전을 구매한 후, 삼성닷컴 e식품관에서 가입할 수 있으며, e식품관에서 매월 일정 금액 이상의 펫푸드를 비롯한 식품을 제휴 카드로 구매하면 3년 간 최대 90만원의 청구할인 혜택을 받을 수 있다.

※ **마이펫 플랜**
1) 전국 디지털 프라자 · 삼성닷컴에서 펫 특화 가전(120만원 이상) 제휴카드로 구매 후, 플랜 가입 가능
2) e식품관에서 매월 6만5천원 이상 구매 시, 3년간 매월 2만5천원 청구 할인 혜택 제공

※ **e식품관:** 국내 주요 식품사의 펫푸드 · 간편식(HMR) · 밀키트 · 김치 · 정육 등 다양한 식료품을 한 곳에서 간편하게 구매 가능할 수 있도록 삼성닷컴에 마련한 온라인 식품관

마이펫 플랜 가입 대상 제품은 ▲펫 전용 브러시를 제공하는 비스포크 제트 · 제드 봇 AI ▲강력한 펫 전용 필터를 탑재한 비스포크 큐브 Air™ ▲반려동물 오염 · 털 제거 특화 코스를 갖춘 비스포크 그랑데 AI(세탁기 · 건조기) 등 효과적인 펫 케어를 돕는 49개 모델들이다.

※ **대상 모델은 변경 및 추가 될 수 있음**

삼성전자는 마이펫 플랜 가입 고객 대상으로 펫 웨어러블 기기를 비롯해 병원, 교육, 장례 등 반려동물의 라이프사이클별 특화 서비스에 대한 추가 할인 혜택도 제공할 예정이다.

김현중 삼성전자 한국총괄 상무는 "'마이펫 플랜'은 1,500만명에 달하는 펫팸족들에게 편리하고 스마트한 경험을 선사할 것"이라며 "앞으로도 기기, 서비스, 콘텐츠 등 이 업종과의 긴밀한 협업을 통해 다양한 라이프스타일을 지원하고, 고객 경험의 혁신을 주도할 것"이라고 말했다.

마이펫 플랜에 대한 자세한 내용은 삼성닷컴에서 확인할 수 있다.

ⓒ 삼성전자 뉴스룸 홈페이지

련한 입장을 전하는 보도자료는 일부 다르긴 합니다. 하지만 우리는 시작하는 홍보인이니 그런 고도의 기술이 필요한 보도자료는 사수들에게 맡기고 일단 기본을 충실히 익히도록 합시다.

앞의 글은 삼성전자 공식 뉴스룸에서 가져온 보도자료입니다. 함께 살펴본 보도자료 공식에서 크게 벗어나지 않는 걸 확인할 수 있을 거예요.

모든 일에 왕도가 없듯, 보도자료 작성도 마찬가지입니다. 많이 써보는 수밖에요. 제가 설명한 보도자료 작성법도 먼 길 돌아가지 않고 빠른 길로 가도록 돕는 내비게이션 정도일 뿐이죠. 작게마나 여러분의 글쓰기 역량을 한 단계 성장시키는 데 든든한 길잡이가 되기를 희망합니다.

포인트로 푸는 빈출 보도자료 7유형

수학공식을 외워도 항상 응용문제가 있기 마련입니다. 우리는 그 응용문제에서 또 길을 잃기 마련이고요. 그래서 일반적으로 많이 쓰게 되는 보도자료의 종류와 각각에 들어가는 키워드들을 알기 쉽게 정리해보았습니다. 이슈에 따라 수식어구와 설명이 달라지겠지만 기본적으로 들어가는 내용은 비슷합니다. 이 부분들만 잘 챙겨 구성한다면 최소한 기본은 하는 보도자료에 근접할 수 있을 겁니다.

(1) 제품/서비스 출시 보도자료

- 리드: 출시 주체, 출시 제품 또는 상품명
- 본문 1: 출시 일정, 구성품, 기존 제품과의 차이점, 구매처
- 본문 2: 출시 배경 또는 산업 내 의미
- 본문 3: 관계자 코멘트(출시 제품 또는 서비스에 대한 기대감)
- 마무리: 기업 및 부가정보

(2) MOU 체결 보도자료

- 리드: 체결 주체 및 대상, MOU명
- 본문 1: 일자, 체결 내용(체결 주체가 얻는 것)
- 본문 2: MOU 기대 효과, 체결 배경
- 본문 3: 체결 상대 기업 소개
- 본문 4: 관계자 코멘트
- 마무리: 기업 소개 부가정보

(3) 프로모션 보도자료

- 리드: 프로모션 주체 및 프로모션명

- 본문 1: 프로모션 구성(할인율, 제공 조건, 혜택)

- 본문 2: 프로모션 기획 배경

- 본문 3: 관계자 코멘트 또는 고객 코멘트

- 마무리: 기업 소개

(4) 매출 성과 보도자료

- 리드: 주체 및 매출 성과 수치

- 본문 1: 성과 증가폭 및 의미

- 본문 2: 성과 견인 요인

- 본문 3: 관계자 코멘트

(5) 팝업스토어 오픈 보도자료

- 리드: 팝업스토어 오픈 주체, 팝업스토어 이름, 위치

- 본문1: 팝업스토어 구성

- 본문2: 팝업스토어 특징

- 본문3: 방문객 코멘트

(6) CSR 캠페인 보도자료

- 리드: 캠페인 이름 및 주체

- 본문1: 캠페인 개요 및 주제

- 본문2: 캠페인 참가자 모집 대상

- 본문3: 관계자 코멘트

⑺ 수상 관련 보도자료

- 리드: 수상명 및 수상 주체

- 본문1: 수상 분야, 일시, 수상 근거

- 본문2: 수상받은 프로젝트 성과

- 본문3: 시상식 저명성 및 소개

- 본문4: 관계자 코멘트

기업의 반짝이는 순간을 담아내는
인터뷰 피칭

기억도 잘 안 나는 대리 시절이었던 것 같습니다. 상사, 기자, 고객사 3면에 둘러싸여 하루 걸러 하루씩 욕과 컴플레인을 받아내던 중 한 경제지 기자에게 모처럼 인상 깊게 까인 적이 있습니다. "후배 교육을 그렇게 시키시면 어떻게 합니까?" 이런 말까지 들으며 한바탕 욕을 먹었던 이유는 바로 인터뷰 피칭 때문이었습니다.

인터뷰 피칭이란 기자(인터뷰어)에게 인터뷰이를 제안, 연결시키는 것을 말합니다. 보통 매체별로 인터뷰와 CEO 지면을 담당하는 기자가 있어서 해당 기자에게 인터뷰이의 약력과 인터뷰 어젠다를 정리한 문서를 메일로 보내고 전화 또는 대면 미팅을 통해 일정을 조율하는 일련의 과정을 거칩니다. 그날 후배 직원은 인터뷰를 피칭하던 중 먼저 제안한 A매체의 회신이 지연되자 B매체에 동시에 컨택했더군요. 심지어 A매체에게 이 사실을 이야기하게 되면서, 흥분한 기자가 쌍욕을 제외한 온갖 욕을 쏟아붓게 된 형국이었죠. 후배의 잘못이 곧 사수인 저의 잘못이기에 꼼짝없이 콜센터 직원처럼 전화통을 들고 있던 기억이 납니다. 다행히 B매체가 다른 인터뷰이에게 관심을 보여서 사건은 일단락되었습니다.

이 사건이 요즘 들어 자주 생각나는 이유는 근래 인터뷰 피칭이 보도자료 배포만큼 잦기 때문입니다. 고객사 중 스타트업 비중이 늘어난 이유도 있겠지만 그보다 인터뷰 섹션이 많아진 매체 환경이 더 큽니다. 요즘에는 지면 고정 섹션은 물론 매체에서 파생된 뉴스레터와 잡지까지 인터뷰에 집중하는 경우가 많습니다. 사람들이 뉴스를 주로 소비하는 포털에서 동일한 이슈를 다룬 뉴스는 유사 콘텐츠로 분류해 메인 노출에 제한을 둔 것이 제일 큰 원인으로 보입니다. 이제 일방적으로 배포한 보도자료에 기반한 뉴스는 큰 가치를 갖지 못하게 된 것이죠.

얼마 전 AI가 기사를 작성하는 모습을 봤습니다. 홍보인들은 못해도 두어 시간은 걸리는 보도자료 작성인데 AI는 "오늘 날씨에 대해 기사 작성해줘"라는 한 마디에 2분도 안 되어 A4 1장을 채우더군요. 아찔했죠. '아, 기자가 AI로 대체되면 보도자료도 쓸 필요 없겠네.' 한숨과 함께 빨리 끝내고 집에 가자며 쓰고 있던 문서를 다시 열었죠. 인터뷰 제안서였습니다. 그때, 그런 생각이 들었습니다. '인터뷰는 AI가 할 수 없지 않을까?' 하고요.

사람들은 '이야기'를 좋아합니다. 기업의 이야기보다 사람의 이야기요. 보도자료의 뉴스 가치가 떨어진 이유도 있겠지만 사람의 이야기가 궁금한 우리의 본능이 인터뷰 기사를 원하는 것 같아요. 그래서 기업들도 인터뷰를 통해 기업의 메시지를 전하려는 노력이 빈번해지고 있죠.

그럼 우리는 인터뷰 피칭을 어떻게 하면 좋을까요? 기자와 고객사 모두가 만족하는 피칭 방법은 무엇이 있을지 알아보도록 합시다. 콘텐츠로서 뉴스 가치도 있고 기업 입장에서도 더 많은 사람들에게 읽힐 결과물을 만드는 과정은 시작하는 홍보인이 이 업의 매력을 느끼는 중요한 모멘텀이 될 테니까요.

STEP 1. 인터뷰 피칭 1단계, 매체 선정

성공적인 인터뷰 피칭은 총 7단계로 이루어지는데요, 가장 첫 번째로 해야 할 일은 인터뷰 지면을 분석하고 컨택할 만한 기자를 우선순위로 리스트업하는 것입니다. 인터뷰는 지면 게재를 목표로 두는 경우가 많습니다. 요즘은 뉴스레터 등 온라인 매체를 원하는 경우도 있지만 보통은 주요 매체 지면을 타깃으로 하죠. 주로 1안으로 주요 지면 매체의 정기 인터뷰 섹션을 리스트업합니다. 2안으로 고객사 산업군 담당 기자를 리스트업하고요. 사실 1안과 2안 모두 미디어 리스트 업데이트 과정에서 어느 정도 파악이 됩니다. 별도의 프로그램을 이용하기도 하지만 요즘은 네이버 뉴스 검색만으로도 대략적인 타깃 미디어 선정이 가능합니다. 어떻게 가능하냐고요? 아래 순서를 따라 가보세요.

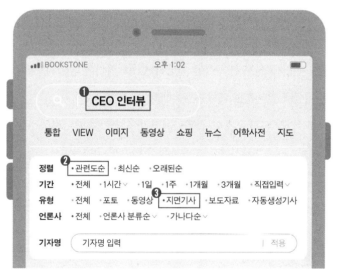

타깃 미디어 검색 방법

정말 쉽죠? 일일이 지면을 보지 않아도 지면에 함께 게재되는 섹션을 찾을 수 있습니다. 예를 들어 푸드 스타트업 CEO 인터뷰를 피칭해야 하는 경우라고 가정해봅시다. 앞서 설명드린 두 가지 방식으로 인터뷰가 가능한 지면을 찾을 때 필요한 키워드는 크게 2개입니다. 'CEO 인터뷰' 그리고 'A 경쟁사 인터뷰'.

먼저 CEO 섹션을 봅시다. 대부분의 매체에서는 정기적으로 CEO 인터뷰 섹션을 운영합니다. 그래서 포털 뉴스 검색창에 'CEO', 'CEO 인터뷰'라는 키워드로 검색하면 관련 기사를 소화하는 매체와 기자명을 확인할 수 있죠. 그다음엔 고객사의 산업 키워드/경쟁사 키워드로 검색합니다. '스타트업 인터뷰' 또는 'A 경쟁사 인터뷰' 정도로 기사를 검색하면 고객사의 유관업체들이 어떤 지면에 인터뷰를 피칭했는지 파악할 수 있습니다.

경쟁사가 이미 피칭한 지면이니 하면 안 될 것 같다고요? 전혀 그렇지 않습니다. 기자는 경쟁사의 인터뷰를 준비하면서 이미 우리 산업에 대한 1차적인 스터디를 했을 가능성이 큽니다. 즉, 조금 더 심도 있는 질문이 나올 가능성이 크다는 뜻입니다. 물론 경쟁사 대비 고객사의 서비스에 경쟁우위가 없다면, 적극 고려될 만한 방법은 아닙니다.

120
홍보인의 일

STEP 2. 인터뷰 요청서 준비

이렇게 키워드별로 관련 기사를 검색했을 때, 피칭이 가능한 매체 그리고 기자명을 리스트업한 후에는 인터뷰 요청서를 준비해야 합니다.

인터뷰 요청서란 인터뷰에 필요한 정보들을 담는 문서인데요. 크게 3가지 정도의 정보가 들어가면 됩니다. 인터뷰이 프로필(이름, 직책, 소속 기업, 주요 커리어), 인터뷰 어젠다(인터뷰를 제안하게 된 배경 및 인터뷰 콘텐츠 앵글), 브랜드 또는 소속군 소개(고객사 정보)입니다. 인터뷰 요청서는 일종의 '제3자가 쓰는 자기소개서'라고 생각하면 됩니다. 인터뷰이의 성장 스토리, 역경 극복기 그리고 추후 포부를 2~3장 정도의 분량으로 작성해 기자에게 '만나보고 싶은 인터뷰이'로 느끼도록 하는 문서이기 때문입니다.

STEP 3. 기자 컨택 및 피칭 개시

내 자소서를 넘어 남의 자소서를 쓰는 경지에 이르렀다면, 이제 매체를 직접 컨택할 차례입니다. 다만 인터뷰를 피칭하면서 해당 인터뷰가 '단독'인지 '최초'인지 여부를 검토 후 피칭한다면 조금 더 원활한 피칭을 진행할 수 있습니다. 더불어 인터뷰 피칭 시에는 반드시 처음에 컨택한 매체가 명확히 거절 의사를 전달했을

A그룹 CEO 요청서

– 주요 인터뷰 어젠다 1

– 주요 인터뷰 어젠다 2

《개요》

내용	
일시	
대상	

1. 인터뷰이 프로필

- (사진 삽입)
- (주요 이력)

2. A그룹 글로벌 사업 현황

- (사업 현황 소개)
- (자료사진 첨부)

3. 주요 인터뷰 어젠다

- **인터뷰 어젠다 1**
  -
- **인터뷰 어젠다 2**
  -

인터뷰 요청서 예시

때에만 차순위 매체에 컨택합니다(그렇지 않으면 대리 시절의 저처럼 신나게 욕을 먹을 수 있으니까요).

기자와 통화하는 것 자체가 너무 큰 산으로 느껴지는 신입 분들을 위해 조금 더 구체적으로 이야기해보죠. 기자는 항상 바쁩니다. 전화를 하면 가끔 짜증부터 내기도 합니다. 그럼에도 불구하고 유선 컨택으로 피칭해야 한다면 기자가 상대적으로 여유롭고 인터뷰 제안을 고려할 여유가 있는 시간을 공략하는 것이 좋습니다. 마땅한 때를 굳이 찾자면, 평일 오후 5시 이후가 부담 없이 통화할 수 있는 시간입니다. 그럼 대망의 5시가 됐을 때 전화를 걸어 무슨 이야기를 어떻게 해야 할까요? 저처럼 떨리는 마음에 터질 듯한 심장을 부여잡고 옥상으로 도망쳐 통화하는 불상사를 막기 위해 스크립트를 짧게나마 올려봅니다.

"안녕하세요, ○○ 홍보 담당하는 ○○○입니다. 다름 아니라, ○○○ 기업 ○○○(직급)님의 방한이 예정되어 있어서 '한국 시장 ○○○업계 진출 전략'에 대해 인터뷰 제안드리고자 연락드렸습니다. 바쁘시겠지만 검토 의향 있으시면 메일로 인터뷰 제안서 보내드리고 검토 부탁드릴 수 있을까요?"

처음은 누구나 어렵습니다. 산을 오르기 전엔 정상에 갈 엄두가 나지 않는 것처럼요. 하지만 꾸준히 계속 오르다 보면 그곳에 다다를 날이 꼭 올 겁니다. 별것 아니지만 이 글이 조금이나마 마음을 부여잡는 데 도움이 되었으면 합니다.

STEP 4. 사전질문지 수령

자, 다행히 매체 피칭에 성공했습니다. 그럼 이렇게 해피엔딩일까요? 아니요, 인터뷰 준비는 이제 시작입니다. 사전질문지라는 것을 받아야 하기 때문입니다. 사전질문지는 인터뷰 진행에 앞서 인터뷰이에게 묻고자 하는 질문을 정리한 문서입니다. 홍보 담당자의 입장에서는 민감한 질문이 있는지 체크하거나 메시지를 사전에 컨트롤하기 위해 필요한 문서죠. 매체 입장에서도 더 풍성한 인터뷰 진행을 위해 필요한 단계입니다. 하지만 사전질문지는 반드시 피칭하는 측에서 요청해야 합니다. 매체가 선제적으로 제공해야 할 의무는 없기 때문이에요. 즉, 홍보 담당자인 우리가 아쉬운 상황이니 사전에 챙기고 요청해야 합니다.

우여곡절 끝에 사전질의서를 받았다면, 이제 무엇을 해야 할까요? 바로 인터뷰이에게 답변 방향을 제시해야 합니다. 기자는 취재와 질문하는 법을 신입 시절부터 전문적으로 훈련받은 인력입니다. 답변의 행간을 찾고 본인이 원하는 답을 얻기 위한 질문하는 법을 알고 있는 분들이죠. 즉, 사전질의서에 공유된 질문지를 토대로 기자가 쓰고 싶어 하는 내용이 무엇인지 파악하고, 답변 시 하지 말아야 할 내용 그리고 강조해서 이야기할 부분을 정리하는 작업이 필요합니다.

STEP 5. 현장 팔로우업

드디어 대망의 인터뷰 당일이 되었습니다. 사전질의서도 수령하고 인터뷰이에게 모범 답변도 공유해놓았습니다. 그런데 팀장이 현장 팔로우업을 가라고 합니다. '현장 팔로우업? 현장에서 뭘 하라는 거야. 리액션하라는 건가?' 싫겠지만 아닙니다. 인터뷰 현장에서 해야 할 일은 크게 2가지입니다. 현장 녹취와 조율입니다.

인터뷰가 시작되면 현장 녹취를 진행합니다. 대부분의 기자들도 인터뷰를 시작하면 휴대전화 녹음기 애플리케이션을 실행하며 '녹취하겠습니다'라고 말할 겁니다. 간혹 녹취를 하면 기자가 불쾌해할 거라고 생각하는데요, 보통의 기자들은 그렇진 않습니다. 더불어 녹음 주체의 목소리가 들어가면 위법이 아닌 만큼 적법성을 굳이 걱정할 필요도 없습니다. 이 말은 곧 홍보인도 인터뷰 현장에서 이야기할 거리가 있다는 뜻이겠죠. 현장 조율이 바로 그것입니다. 인터뷰 도중에 진행되기도 하고, 인터뷰 후 정리해서 한 번에 진행하기도 합니다. 이때 조율해야 할 부분은 크게 3가지입니다. 인터뷰이가 언급한 수치 데이터를 추가적으로 확인하고, 인터뷰 중에 언급된 내용 중 기사화되기 힘들거나 정정이 필요한 부분을 협의합니다. 인터뷰 도중 답변이 준비되지 않은 문항에 대해서는 적극적으로 양해도 구하고요.

겨우겨우 피칭한 인터뷰 당일에도 이렇게나 해야 할 일이 많다니, 쉬운 일이 하나 없지요? 그래도 이제 절반을 지나왔으니 조금만 힘내서 더 가봅시다.

STEP 6. 녹취록 작성

인터뷰를 마치고 회사에 복귀했습니다. 가벼운 마음으로 퇴근하려 했다면 오산입니다. 이제 녹취록을 작성해야 하거든요. 흔히 '녹취를 푼다'라고 하는데요. 인터뷰를 마친 기자도 똑같은 작업을 합니다.

기자가 하는데 군이 우리도 녹취록을 풀어야 하는 이유는 무엇일까요? 인터뷰 내용을 더블체크하기 위함입니다. 구두 인터뷰는 말하는 어조, 상황, 발음에 따라서 의미가 왜곡될 가능성이 많습니다. 띄어쓰기의 중요성을 보여주는 한 예로 '아버지가 방에 들어갑니다'와 '아버지 가방에 들어갑니다'가 있는데요, 육성도 크게 다르지 않습니다. 어디서 숨을 쉬고 띄어 말하느냐에 따라서도 의미가 달라지기 십상입니다. 그러니 인터뷰 진행 후 인터뷰이가 전달하고자 하는 뜻이 제대로 전달되었는지 제3자의 입장에서 사전에 체크하는 과정이 필요한 것이죠. 내용과 관련해 정정 또는 추가 설명이 필요할 경우 매체에 요청하기 위해서도 꼭 녹취록을 작성해야 합니다.

STEP 7. 게재 보고

오매불망 인터뷰 기사 게재를 기다리던 차에 드디어 기사가 게재되었습니다. 그럼, 이제 게재 보고를 해야 합니다. 게재 보고는 크게 3가지 기준을 토대로 검토하고 보고해야 합니다. 헤드라인이 인터뷰이에게 부정적인지, 인터뷰 내용 중 녹취록 기준으로 사실과 다르게 기재된 것은 없는지, 인터뷰 내용 중 오해를 일으킬 만한 문장은 없는지 살펴보세요. 이 중에 해당되는 사항이 있다면, 녹취록과 사실을 근거로 정정 요청 및 반영까지 완료되어야 인터뷰 피칭이 비로소 마무리됩니다.

간혹 기사가 게재되기 전에, 즉 대중에게 공개되기 전에 검토하는 것이 더 효율적이지 않냐고 생각하는 주니어가 있을지도 모르겠습니다. 요즘은 더러 상호 팩트체크 차원에서 기자가 미리 보여주기도 합니다. 하지만 우리 회사를 대표해 협업하는 홍보인이 먼저 기사를 보여달라고 요청하는 경우는 별로 없습니다. 기자의 편집권을 침해하는 행위로 보일 수 있어 조심스럽기 때문이죠. 새로운, 좋은 정보라는 뉴스밸류 자체로 기자를 설득해 인터뷰를 진행한 것이기 때문에 인터뷰 기사 내용을 좌지우지할 권리나 자격은 현실적으로 없습니다.

다만, 묘수는 하나 있습니다. 기자와 홍보인이 원원하는 차원에서 앞서 녹취록 단계를 활용하는 방법입니다. 녹취록을 푸는 건 기자 입장에서 시간이 많이 소요되는 일입니다. 그래서 이 일을 우리 쪽에서 대신 해주면서 빼고 싶은 메시지를 삭제해서 전달하거나 좀 더 다듬어서 보내는 등 메시지를 어느 정도 가감해볼 수는 있습니다.

이쯤 되면 보도자료 작성이 더 그리워질지도 모르겠습니다. 인터뷰는 보통 기업에게 마일스톤이 있거나 자랑할 만한 일이 생겼을 때 진행하게 됩니다. 즉, 기업의 '반짝이는 순간'을 담는 업무인 셈이죠. 단계 단계마다 우리의 노고가 많이 담기는 만큼 고객사 그리고 AE 스스로 만족하는 결과로 이어질 가능성이 높습니다.

정말 매력적이지 않나요? 한 기업 또는 인물의 가장 빛나는 순간을 이야기로 기록해놓는다는 것 말이에요. 저의 조언이 여러분의 첫 인터뷰 피칭 데뷔에 미약하나마 도움이 되기를 바라봅니다.

인터뷰 FAQ: 인터뷰에서는 주로 뭘 물어볼까?

인터뷰이마다 스토리는 다르지만 기자들의 질문에는 공통점이 있습니다. 기사의 구성 요건이라서 그렇기도 하지만 그보다는 사람들이 궁금해하는 부분이 비슷비슷하기 때문이기도 합니다. 하지만 순진하게 답변했다가는 큰코다칠 수 있습니다. 재밌지 않나요? 질문해달라고 인터뷰를 제안했지만 답변하지 말아야 할 질문이 있다는 것이요. 가장 많이 나오는 질문이지만 순진한 답변은 금물인 대표적인 질문 2가지를 알려드립니다.

Q1. "경쟁사는 어디입니까?"

이 질문은 흔히 스타트업 또는 신흥 산업과 연관된 기업의 인터뷰에서 자주 등장합니다. 이유는 단순합니다. 산업을 규정해야 하기 때문입니다. 새로운 것을 규정하는 데 있어서 기존과의 비교만큼 명료한 것이 없죠. 그래서 매체는 인터뷰이에게 기업의 경쟁사를 묻고 규정하려 합니다. 하지만 이 질문은 고객사에게 되레

독이 될 수 있습니다. 고객사의 비즈니스에 대한 선입견을 만들 수 있기 때문이에요. 그래서 가장 무난한 답변을 공유드리니, 식은땀 대신 미소를 띠며 이렇게 대답하라고 제언하세요.

"경쟁사는 크게 염두에 두고 있지 않습니다. 저희의 서비스 영역과 비즈니스 구조가 차별화되다 보니 동일 기준에서 적용하기 어려워서요."

집요한 되물음보다는 무미건조한 수긍으로 넘어가는 경우가 더 많을 겁니다.

Q2. "매출액은 얼마입니까?"

인터뷰 피칭 단계 또는 인터뷰 진행 과정 중 단골로 나오는 질문이 바로 매출액입니다. 기자 10명 중 8명이 물어보는 것 같아요. 당연합니다. 기자 입장에서 인터뷰이는 이 기업의 대변인과 다름없으니까요. 인터뷰이가 대표하는 이 기업이 독자들에게 소개될 가치가 있는지 여부를 판단하는 가장 편한 지표 중 하나가 매출액입니다. 실무적으로 기자 입장에서는 데스크(언론사의 부장)에 기업을 소개할 때 사용하는 지표이기도 하고요. 그들 입장에서는 매출액이 중요하지만 기업공개를 한 기업 또는 의무적으로 공시를 해야 하는 조직이 아니고서야 매출액은 잘 공개하지 않습니다. 그러니 '공개하지 않는 것이 내규입니다'라고 답변해서도 됩니다.

하지만 기업의 위치 또는 위상을 대변할 수치 데이터가 필요한 경우도 있습니다. 피칭하는 타깃에게 '우리 이렇게 잘 나가는 조직이에요'라는 것을 보여줘야 인터뷰에 관심을 가질 테니까요. 이런 경우, 보통 '성장률'을 제시하거나 혹은 '타 기업과 비교가 불가능한 섹터의 수치 데이터'를 제공합니다.

매출을 제시하지 않는 이유는 타 기업과 함께 줄 세워지기 싫기 때문입니다. 그러니 잊힐 권리가 없는 언론에 굳이 추후 어떻게 활용될지 모르는 수치 데이터를 제공할 때는 '절대적으로 조직에 도움이 되는 수치인가'를 고려한 후 의사결정해야 합니다.

새로운 트렌드를 설계하는 작업,
기획보도

13번. 제가 하나의 자료를 수정한 횟수입니다. 99개의 버전이 나오는 제안서의 세계에서 이 13번이라는 숫자는 미약해 보이지만 월간 루틴 업무 중 하나인 보도자료를 13번 수정했다는 건 당사자에게는 꽤나 힘 빠지는 상황입니다. 당시 제 상사가 열정 넘치는 FM 스타일이기는 했지만 돌이켜보면 진짜 문제는 따로 있었습니다. 그 자료가 저의 첫 '기획보도' 자료였거든요.

기획보도는 일반 보도자료의 심화 버전입니다. 일반 보도자료가 출시, 프로모션, MOU 체결, 분기 매출, 모델 발탁 등 브랜드에게 일어난 일을 육하원칙에 따라 알려주는 것이라면 기획보도는 이 팩트가 사회에 어떤 의미를 가지고 있는지 제시합니다. 연말이면 어김없이 나오는 트렌드 책의 저자가 하는 일 같기도, 스크롤 압박감이 높은 긴 기사를 쓰는 기자가 하는 일 같기도 하죠. 실제로 매체와 기자를 생각하며 쓰는 글이 기획보도 자료입니다.

홍보인이 왜 이런 기획자료를 써야 할까요? 홍보인의 첫 번째 고객은 기자이기 때문입니다. 기자는 새로운 이야기, 의미 있는 스토리, 남다른 소재를 취재하고자 움직입니다. 기자의 고객인 독자는 단순히 한 식품 회사의 대체육 브랜드가 나왔다는 소식보다는 하루 한 끼 비건식을 챙겨 먹는 '느슨한 비건'이라는 트렌드 그리고 이 트렌드에 동참하고 싶을 때 이용 가능한 제품과 서비스가 궁금합니다. 즉, 기자의 주요 취재 니즈는 독자의 관심사를 충족하거나 업계 현상을 규정하는 것이고, 홍보인은 이런 기자의 취재 니즈에 부합해 이야깃거리를 '트렌드'라는 이름의 꼭지로 파는 것이지요.

최근의 미디어 환경은 홍보 담당자의 기획 피칭 역량을 더 중요하게 만들었습니다. 업계를 떠들썩하게 만들었던 '주요매체 A사, 네이버·카카오 뉴스 제휴 강등 소식'(2021년 국내 대표 통신사가 '네이버·카카오 뉴스제휴평가위원회 심의위원회'를 통해 네이버와 다음의 뉴스 서비스 영역 내 콘텐츠 노출에 제재를 받았던 사건입니다)이 시

발점이 되었죠. 우리나라는 뉴스를 포털에서 소비합니다. 포털은 양질의 뉴스가 사용자에게 제공되도록 뉴스 콘텐츠의 광고성, 유해성, 콘텐츠 가치를 상시 평가합니다. 평가를 통해 광고의 성격이 강하거나 유해한 콘텐츠를 지속 발행하는 매체에게는 벌점을 부과하며 일정 수준이 초과되면 해당 매체는 포털 제휴에서 탈락되죠.

이 평가에서 상대적으로 자유로울 수 있는 것이 바로 기획보도입니다. 타 매체에서 발행한 뉴스와 콘텐츠 구성이 다르고 소비자 코멘트, 수치 데이터, 다양한 사례로 구성되어 있으니 광고성보다는 정보성이 더 강한 콘텐츠이기 때문입니다. 그래서 최근 홍보 조직에서는 기획자료 피칭이 주요한 기법으로 부상하고 있습니다. 과거에는 기획피칭이 산업 내 '플러스 알파'의 역량이었다면 이제는 홍보인의 필수 역량이 되어버린 셈이죠. 기사를 보면 업계 전반을 다루고 진정 '정보'가 있어 보이는 콘텐츠가 있습니다. 주로 이런 콘텐츠가 포털 메인에도 오르고 지면에서도 다뤄지죠. 사람들은 뉴스를 통해 트렌드 그리고 새로운 이슈를 알고 싶어 하니까요. 그리고 그 이슈가 흘러가는 유행인지 아니면 시대를 관통하는 유의미한 트렌드인지를 확인하고 싶어 합니다. 그래서 매 연말에 각종 트렌드 도서들이 베스트셀러에 오르는 것이겠죠.

홍보인도 이런 의미 있는 기사를 세상에 선보이는 데 기여할 수 있습니다. 우리가 홍보하는 주체와 연관된 트렌드를 제시하고 그 근거들을 발굴하는 자료를 만드는 겁니다. 멋지지 않나요? 사람들의 손가락 하나 움직이게 하기도 힘든 세상에 그들의 머릿속에 내가 만든 트렌드를 언론을 통해 관통시킬 수 있다니 말이죠. 하지만 기자에게 기획자료를 피칭하는 건 쉽지 않습니다. 하루에 300~400개의 보도자료를 접하고 매일 새로운 업계 사람을 만나 점심 미팅을 하는 존재이다 보니 홍보인보다 더 빠르게, 더 많은 소식을 접하기 마련이니까요.

그래서 기획보도는 홍보인의 역량을 가르는 지표가 되기도 합니다. 세상에서 가장 까다로운 고객인 기자를 설득하기 위해서는 담당하는 브랜드는 기본이고 산업 그리고 소비자에 대한 통찰을 압도적인 하나의 앵글로 뽑아낼 수 있어야 하기 때문입니다. 나보다 더 많은 걸 아는 사람을 설득하기 위해서는 그 사람이 모르는 새로운 아이디어를 주거나 기존의 시각에서 벗어나 새로운 프레임을 제시해줄 수 있어야 하니까요.

당시에는 이런 기획보도 업무의 특성도 의미도 모른 채 그저 자료를 쓰는 데 급급했어요. 그러니 목적과 취지가 불분명한 자료가 나올 수밖에 없고 당시의 사수도 한숨을 삼키며 빨간펜을

13번이나 든 것이겠죠. 야속하게 느껴졌던 그분의 행동이 그때는 틀렸다 생각했지만 지금은 압니다. 그분의 빨간펜이 맞다는 사실을요.

　당시의 기획자료는 'PMS(생리전증후군) 개선제'에 대한 내용이었습니다. 담당 프로젝트 기업이 생리전증후군 개선제를 출시했고 이에 대한 마케팅의 일환으로 PMS송을 공개하는 등 셀럽 마케팅을 전개하는 것이 특징이었습니다. 생소한 개념인 생리전증후군을 '질환'으로서 인식시키기 위한 움직임이었죠. 저는 이러한 프로젝트의 골자를 토대로 기획자료 초안을 작성해 사수에게 제출했습니다. 그때 그의 첫 피드백은 "이 자료를 어떤 매체의 어떤 코너에 피칭할 건가요?"였습니다.

　보통 기획자료는 기자가 담당하는 특별 섹션, 즉 '코너'에 피칭하는 것을 목표로 합니다. 정기 코너를 운영하기 위해서는 주기적으로 뉴스 콘텐츠를 생산해야 하니, 기자 입장에서도 부담입니다. 이때 보도할 만한 유관 자료가 있다면 수월하게 보도를 추진할 수 있으니 기자와 브랜드 모두가 원원인 셈이죠. 당시 저는 기획자료를 '피칭'한다는 개념조차 없어서 특정한 코너를 분석해야 하는지도 몰랐고 그러니 피칭하고자 하는 코너에 최적화된 초안이 나올 수 없었습니다.

빨간펜 사수의 피드백을 토대로 주요 지면 정기 코너를 표로 정리하고 1순위 피칭 기자를 중심으로 수정안을 제출했지만, 돌아온 건 자존심 상하는 '글쓰기'에 대한 피드백이었습니다. "기획자료는 기자를 후킹해야 하는데, 이 자료의 헤드라인과 리드에서는 기억에 남는 메시지가 없어요."

스스로 글쓰는 걸 좋아하고 '글 좀 쓴다'고 생각했는데 내 글이 후킹이 안 된다니, 절망적이었습니다. 지면 기사를 보고 헤드라인과 리드를 수정해 마침내 본문으로 넘어갔지만 또 한 번의 산이 남아 있었습니다. "기자가 이 자료를 봤을 때, 우리를 메인 사례로 써줄까요?"

이는 사례 구성에 관한 이야기였습니다. 기획자료는 말 그대로 자료로서, 기자가 기획보도 시 '참고하는' 자료입니다. 애드버토리얼(기사형 광고)처럼 홍보인이 구성한 대로 게재되는 방식이 아니고 기자의 판단과 편집권에 따라 구성이 달라질 수 있습니다. 즉, 우리가 해당 트렌드의 '메인'이 아니라면 자칫 타사의 사례가 더 많은 비중으로 게재되는 불상사가 발생할 수 있습니다. 쉽게 말해 '죽 쒀서 개주는 꼴'이 되는 거죠.

결국 그렇게 사례는 물론 기사 앵글을 다시 구성해 몇 번의 보완 후 최종안을 도출할 수 있었습니다. 돌이켜보니 총체적 난국이 었던 셈인데요. 여러분은 부디 수월한 기획자료 데뷔를 치르시기 바랍니다. 사람들에게 트렌드를 제시하고 규정하는 기자를 통해 담당 브랜드의 존재 가치를 노출시킨다는 것은 꽤나 통쾌한 일일 테니까요.

남다른 앵글의 8할은 키워드에서 탄생한다

통쾌한 일인 건 알겠는데, 기획자료 쓰기가 쉽지만은 않습니다. 단순 '사실'에 근거해서 자료를 구성하면 됐던 '보도자료'와는 다르게, 독자의 눈길을 사로잡을 후킹 요소와 납득시킬 방대한 근거들이 있어야 합니다. 제가 첫 기획자료 작성 때 가장 어려웠던 부분이기도 하고요.

그럼 트렌드를 만드는 기획자료는 어디서 어떻게 시작해야 할까요? 저는 '트렌드 키워드'를 만들라고 이야기합니다. 오랜 기간 저의 사수였던 팀장님의 유행어도 "트렌드 키워드를 만드세요"였는데요, 어쩐지 이 단어, 익숙하지 않나요? 네, 매해 연말이면 쏟아지는 다음 해 트렌드 전망 책들에서 쉽게 볼 수 있죠. 사실 이런 트렌드 키워드 제시는 매해 언론에서 해온 기획보도의 '클래식'입니다. 다만, 트렌드 저서들은 더 방대한 데이터를 기반으로 다양한 브랜드의 스토리를 풀어낸다는 점에서 그 인기가 남다른 것이죠. 트렌드 키워드를 기사로 읽는 독자 입장에서는 압축적으로 트렌드를 이해할 수 있고 홍보 담당자 입장에서는 임팩트 있게 메시지를 전달할 수 있어서 윈윈인 작업이죠.

그렇다면 키워드는 어떻게 만들 수 있을까요? 저의 노하우 중 2가지를 공유해봅니다.

방법 1. N행시 역산

첫 번째 방법은 누구나 어렸을 적 해봤을 삼행시의 연장선에 있습니다. 바로 N행시 역산입니다. 삼행시가 단어의 음절을 기준으로 글짓기를 하는 것이라면 우리는 이를 반대로 한다고 생각하면 됩니다. 글짓기를 해야 하는 문장들이 이미 나와 있고 이 문장들을 하나의 단어로 압축하는 방법이니까요. 예를 들어볼까요. 우리가 개인 자산관리 기업의 2023년 트렌드 기획자료를 작성해야 한다고 가정해봅시다. 자산관리 서비스를 이용하는 고객들의 데이터를 기반으로 관찰되는 주요한 변화는 6가지 정도예요. 담아야 하는 메시지가 6개인 셈입니다.

- 최근 안정적인 투자에 대한 선호가 늘어나고 있다.

- 개인 투자자 비중이 가파른 증가세를 보이고 있다.

- 자녀 이름으로 된 계좌 개설이 늘어났다.

- 여성 사용자가 증가했다.

- 2030 사용자가 증가했다.

- 내 집 마련이 자산투자 목표의 가장 큰 비중을 차지했다.

이 6개의 메시지가 가지고 있는 핵심 키워드를 추출해서 '단어'로 만드는 겁니다. 주요 키워드를 중심으로 '영어 구'를 만드는 게 가장 수월하죠. 예를 들어 아래처럼 만들어볼 수 있습니다.

- 최근 안정적인 투자에 대한 선호가 늘어나고 있다.

  → Go Stable

- 개인 투자자 비중이 가파른 증가세를 보이고 있다.

  → Rising Sharp

- 자녀 이름으로 된 계좌 개설이 늘어났다.

  → Own Child

- 여성 사용자가 증가했다.

  → Women Power

- 2030 사용자가 증가했다.

  → Twenties-Thirties

- 내 집 마련이 자산투자 목표의 가장 큰 비중을 차지했다.

  → House

개인 자산관리 시장 키워드					
G	R	O	W	T	H
Go Stable	Rising Sharp	Own Child	Women Power	Twenties-Thirties	House
안정적인 투자 선호	가파른 증가세	자녀 계좌 추가	여성 사용자 증가	2030 사용자 증가	내집 마련 목표

이렇게 '구' 형식으로 키워드를 도출해본 후 만든 키워드가 'GROWTH'입니다. 각 알파벳 음절의 의미를 6행시로 작성했을 때, 위 메시지가 6줄로 나올 수 있도록 하는 것이죠.

물론, 이는 쉽지 않은 작업입니다. 트렌드 전망 분석가들도 여러 명이 모여 1년 내내 조사해서 한 권으로 정리하는 일이고, 저도 팀원과 함께 앞에서 예로 든 키워드를 추출하는 과정이 쉽지만은 않았거든요. 이런 작업을 매번 해내기란 정말 쉽지 않을 겁니다. 그래도 의미가 있습니다. 트렌드를 규정하고 그 트렌드의 근간으로 홍보하는 대상의 데이터나 성과를 활용할 수 있으니까요.

"또 하나의 특별한 방, 요즘 욕실"

대림바스, 2023년 욕실 소비 트렌드는 'V.E.N.U.E'

- '방'으로 재조명 받은 욕실… 국내 욕실 리모델링 시장 규모 5조원으로 성장
- 위생 기능, 편안한 인테리어, 프리미엄 문화, 최신 기술, 친환경성 등 욕실 소비에 영향

국내 욕실 1위 기업 대림바스(대표이사 강태식)가 올해 욕실업체 소비 트렌드를 관통할 키워드로 베뉴(VENUE)를 발표했다.

김혜림 대림바스 연구 개발(R&D) 디자인 파트장은 '장기간의 실내 생활로 욕실은 개인 위생, 휴식, 개성 표현 등을 위한 장소로 역할이 다변화하고 있다'며 '앞으로 욕실에 새로운 가치를 부여하는 경향은 더욱 뚜렷해 질 것으로 전망한다'고 전했다.

ⓒ 대림바스 홈페이지

트렌드 키워드 기획기사 예시

방법 2. 신조어 만들기

하지만 이런 데이터가 없는 경우도 있습니다. 이제 막 런칭한 제품이나 브랜드는 특히 그렇죠. 이럴 때 키워드를 만들 수 있는 방법이 있습니다. 바로 '신조어'입니다. 신조어는 매일같이 쏟아지니까 크게 어렵지 않아 보입니다. 다만, 우리가 제안하는 신조어를 언론이 관심 갖고 트렌드를 관통하는 '비즈니스 키워드'라고 생각하게 하려면 산업에서 쓰는 단어의 조합이 유리합니다. 단순한 줄임말이나 은어 활용은 적합하지 않다는 의미입니다. 그럼 어떤 식으로 신조어를 만들어야 할까요?

예를 들어, 메인 관광지에서 떨어진 곳에 새로 세워지는 호텔이 있다고 해봅시다. 그 호텔의 특징은 호텔 안에서 '휴식과 레저를 모두 해소할 수 있다'는 것이고 객실에는 넷플릭스도 설치되어 있습니다. 말 그대로 호텔에서 머무르면서 휴가를 즐길 수 있는 것이죠. 이런 특징을 임팩트 있는 트렌드로 전달하기 위해 키워드를 만드는 겁니다. 바로 '머무르다'라는 뜻의 '스테이Stay'와 '즐기다'의 의미를 담은 '엔터테인먼트Entertainment'를 담아서요. 그렇게 '스테이테인먼트Stay+Entertainment'라는 트렌드 키워드가 탄생하죠.

스테이테인먼트는 실제로 글로벌 체인의 한 신규 호텔이 부산 신규 관광지에 들어올 때, 저의 팀장님이 고안해낸 단어입니다. 기존에는 없던 단어죠. 그 전까지는 호텔이 해운대에만 있었고 관광도 다 해운대에서 했었는데, 당시의 고객사는 기장이라는 해운대에서 40분 정도 떨어진 제2관광지라서 지리적 한계가 있었죠. 대신 압도적인 시설로 호텔 안에서 모든 걸 해결할 수 있도록 만들어졌습니다. 그래서 스테이테인먼트Stay+Tainment라는 트렌드를 만든 거죠. 이 단어는 포털 지식백과에 등재될 정도로 회자됐습니다. 그만큼 진짜 트렌드로 인정 받은 것이죠. 언젠가 우리의 신조어도 그렇게 될 수 있길 기대하며 작게라도 연습을 시작해봅시다.

- ○○슈머: 새로운 소비그룹을 지칭할 때 활용할 수 있는 키워드입니다.
- ○○족: 기존과 다른 특징을 보이는 집단을 명명할 때 활용할 수 있어요.
- ○○노믹스: 새로운 산업 또는 시장이 형성되는 시점에 업계를 거시적인 관점으로 규정하고 싶을 때 활용합니다.
- ○○노미: 대표적으로 '1코노미'가 있는데요. 새로운 유통 또는 소비 트렌드를 규정할 때 사용하곤 합니다.
- ○○테인먼트: 소비자에게 경험이나 재미를 선사하는 마케팅 또는 프로모션 트렌드를 규정할 때 진행합니다.

- ○○니즘: 기존에 없던 패러다임을 규정하고 싶을 때 사용합니다.
- ○○ 2.0: 기존에 존재하지만 한 단계 발전한 산업이나 비즈니스 모델을 주류main stream로 표현하고 싶을 때 활용할 수 있어요.
- ○○케이션: 워케이션처럼 '휴양', '휴가'와 관련된 트렌드를 짚을 때 활용 가능합니다.

말 그대로 1차원적으로 활용할 수 있는 어구들이에요. 물론 여기서 더 창의적인 키워드가 나온다면 좋겠죠. 홍보 담당자가 홍보 대상에 애정을 가지고 고민할수록 '아, 이런 신박한 트렌드 키워드가?'라는 반응과 함께 자신의 신조어가 유행이 되는 경험을 할 수 있을 거예요.

기획보도의 구성 전략, 'To be'에서 'As was'로

데이터도, 사례도 그리고 펀치라인이 될 '키워드'까지 준비되었다면 본격적으로 자료를 구성할 차례입니다. 단어를 조합해서 신조어를 만드는 것도 힘든 우리이기에 기획자료의 전체 개요를 잡는 일이 쉽지 않을 거예요. 그럴 때 템플릿처럼 사용할 수 있는 기획자료 구조를 공유해드리려 합니다.

기획자료의 가장 큰 골자는 'To Be'에서 'As Was'로 구성된다는 겁니다. 앞으로 찾아올 To Be 트렌드에 대한 전망을 먼저 기재한 후, 이 트렌드가 오는 것의 의의를 과거 As Was 와 비교해 제시해 줘야 합니다. 예를 들어 1코노미 트렌드를 제시하는 기획자료를 작성한다고 생각해보죠. 이때 우리는 '1인 가구 수의 증가로 1코노미 PB 상품이 증가할 것으로 보인다'는 전망을 자료 서두에 먼저 제시합니다. 이어서 이 트렌드가 4인 가족 중심이었던 기존 유통업계의 패키징 및 상품구성에서 벗어나 시장 세분화를 촉진시키는 동력이 될 것으로 보인다는 의의를 제시해줍니다. 일전에 저의 빨간펜 사수가 준 피드백처럼 우리는 헤드라인과 리드에서 기자의 눈길을 끌어야 합니다. 자료가 넘쳐나는 그들은 우리의 자료를 완독해줄 리 만무하니 서두에서 트렌드를 던지고 이에 대한 근거 자료와 사례를 제시하는 식으로 구성을 해야 하는 것이죠.

'To be'에서 'As Was'로 가는 기획자료 구성

- 헤드라인: 신조어 또는 트렌드 키워드 제시
- 리드: 키워드 제시 및 의미 해설
- 본문 1: 키워드 제시의 수치적 근거(외부 기관 소스)

- 본문 2: 당사 사례 제시
- 본문 3: 타사 사례 제시(필요 시)

모든 업무가 그렇지만 기획자료는 특히 연차와 함께 쌓이는 역량이 '견문'으로 녹여지는 대표적인 영역입니다. 하지만 누구나 시작은 있는 법이고, 항상 아프며 성장할 필요는 없겠죠. 그런 의미에서 위에 제시한 기획자료 구성 개요가 여러분의 성장에 꼭 필요한 자양분이 되길 바랍니다.

브랜드의 '균열'을 막는 디테일의 힘

"난 제안서 쓸 때, 밑줄 그을 글씨까지 생각해."

저와 8년간 같이 일한 팀장님이 귀에 못이 박히도록 한 말이었습니다. 꼼꼼하기로 정평이 난 그의 단면을 보여주는 말버릇이었죠. 드라마 〈대행사〉를 보면 주인공 고아인이 제안서를 PT 당일까지 수정하고 편집하는 과정이 나오는데요. 실제 현장에서도 '끝날 때까지 끝난 게 아니다'는 일념 하에 고치고 고치고 또 고치고 이놈이 일백 번 고쳐 죽을 때까지 제안서의 디테일을 다듬는 일은 비일비재합니다.

이런 디테일에 대한 집념이 특히 홍보인에게는 필수적인 역량입니다. 홍보인은 브랜드의 '공식 대변인'으로서 기자, 인플루언서,

PD 등 영향력을 가진 사람들을 만나 '관계relations'를 구축하고 브랜드를 '규정'합니다. 브랜드에 대한 외부 사람들의 인지와 이미지를 형성하는 과정을 세심하게 고려하고 어떤 단어로 내 브랜드를 표현할지 고민하는 게 업業인 사람들이 바로 홍보인입니다.

디테일에는 끝이 없다

영화 〈내부자들〉에서 백윤식은 이런 말을 합니다. "끝에 단어 세 개만 좀 바꿉시다. '볼 수 있다'가 아니라 '매우 보여진다'로." 상황에 대한 함의를 구체화하기 위함이죠. 홍보인의 일상도 이와 비슷합니다. 신규 론칭하는 호텔을 '부티크' 호텔이라고 할지, '라이프스타일' 호텔이라고 할지 고민하고 이 한 단어를 선택하기 위해 최근 오픈한 유사한 규모의 호텔을 다 뒤져보니까요. 제3자가 봤을 때는 그저 명동의 4성급 호텔이라고 생각할 수 있지만, 우리는 호텔을 소개하는 공식 대변인이니 신규 호텔이 '부티크' 카테고리에 묶일지 '라이프스타일' 키워드에 묶일지는 꽤나 중요한 화두입니다.

디테일에 대한 홍보인의 열망이 가장 빈번하게 드러나는 곳이 바로 '자료'입니다. 보도자료, 프레스킷, 팩트시트 등 홍보인의 글쓰기와 디자인 역량을 토대로 만들어지는 공식적 대외 자료는 철

저히 '브랜드의 관점'에서 정확한 정보를 제공해야 합니다. 기존에는 호텔에 '라이프스타일 브랜드'라는 표현을 쓰지 않았을지라도 호텔의 부대시설과 프로모션을 통해 지향하는 가치가 '라이프스타일 플랫폼'이라면 공식 자료는 모두 '라이프스타일 플랫폼'이라는 아이덴티티 하에 구성되어야 하는 식입니다.

디테일을 챙기는 홍보인의 글쓰기에서 가장 중요한 부분은 '브랜드 언어Branded Word'입니다. 기자의 클릭을 유도하고 머리에 확 꽂히는 헤드라인의 보도자료, 이해관계자들의 눈을 사로잡는 도식화된 디자인 모두 중요하겠지만, 사실 이건 플러스 알파의 영역일 뿐입니다. 본질은 '브랜드의 언어'로 자료를 구성하는 것이죠. 브랜드가 스스로 규정한 본연의 가치를 고유의 언어로 일관되고 집요하게 풀어내는 것이 홍보인의 글쓰기입니다. 독특한 AR 필터와 24시간이면 사라지는 메시지로 인기를 끈 SNS가 스스로를 '글로벌 테크놀로지 기업'으로 규정하고 '글로벌 테크놀로지 기업 A사'라는 콘셉트로 풀어나가는 것처럼 말이죠.

다만, 현장에서 홍보인의 글쓰기는 촌각을 다투는 경우가 많습니다. 당장 내일 아침 배포할 보도자료를 오후 4시에 써내야 하기도 하고, 예상치 못했던 부정 이슈로 밤새 기업 공식 입장문을 써내야 할 때도 있습니다. 하지만 그 어떤 상황에도 타협할 수 없는 것이 바로 '정확성'입니다.

현장에서의 디테일, 빠르지만 정확하고 일관되게

전체 재직 기간을 통틀어 딱 한 번 팀원에게 육성으로 소리를 쳐본 적이 있습니다. 대행사의 일상인 보도자료 작성 중에 일어난 일이었습니다. 돌이켜보면 지금 당장 욕을 먹을지언정, 후배에게 일의 기본만큼은 제대로 알려주고 싶었던 저연차 선배의 치기였던 것 같아 지금까지 이불킥을 하곤 합니다.

언제나 그렇듯 A 고객사가 얼마 안 되는 소박한 정보를 공유하고는 퇴근 전까지 보도자료 초안을 요청했습니다. 이제는 익숙해질 법도 하지만 실무자 입장에서는 제한된 정보를 가지고 단시간 안에 자료를 작성하는 게 압박으로 느껴질 수밖에 없는데요. 이런 상황에서는 주니어가 자료 초안을 작성하고 시니어가 수정 보완을 해서 바로 전달하는 식으로 진행합니다.

오후 5시쯤, 기다리고 기다리던 후배의 보도자료 초안이 메일로 도착했습니다. 그리고 제 회사생활의 흑역사를 여는 첫 외마디 외침을 내뱉었습니다. 엉망의 보도자료를 던져놓고 주섬주섬 가방을 챙기는 그의 모습이 밉기도 했지만, 어디를 어떻게 손봐야 할지 가늠도 할 수 없는 수준의 자료였기 때문입니다.

"대리님!" 서둘러 퇴근하려는 그를 불러 세우고는 마음을 가다듬었습니다. 눈을 동그랗게 뜬 그가 제 옆에 와서 모니터를 함께 보고 있었죠. 타오르는 분노를 한숨으로 잠재우고 후배의 보도자료를 출력했습니다. 어찌 됐든 피드백과 디렉션을 주는 것이 선배의 역할이리라 다짐하며 집중력을 끌어올리던 중 아뿔싸, 한 가닥 남아 있던 저의 인내심이 끊어졌습니다. 자료 중반쯤에서 기업명의 오타자가 발견된 겁니다. 퇴고를 한 번만 했어도 발견했을 법한 실수였기에 더 이상 그의 글이 읽히지 않았습니다. 예의가 없는 글이었습니다. 문제는 그뿐만이 아닙니다. 전반적으로 하나도 브랜드의 메시지가 녹아들어가 있지 않은 자료였습니다. 다른 기업명을 넣어도 전혀 문제가 없을 것 같은, 알맹이가 없는 보도자료였죠. 마음을 가다듬고 질문했습니다.

"이 자료, 퇴고했어요?"

"고객사에서 내일 배포해야 한다고 오늘까지 초안 보고해달라고 해서요. 아직 프로모션 내용도 안 정해졌는데 우선 써내라고 해서…"

동문서답의 대환장 파티가 시작됐습니다. 차오르는 한숨을 가라앉히고 다시 말을 건넸습니다.

"그럼 어차피 프로모션이 확정되면 자료 내용이 수정될 거니까,

퇴고도 안 하고, 오탈자 체크도 안 하고 나한테 일단 컨펌하라고 보낸 건가요?"

순간 사무실의 키보드 소리가 어색하게 들린 건 제 착각이었길. 제 옆에 어색하게 서 있는 그를 비롯해 사무실에 정적이 찾아왔습니다. 정적의 무게가 부담스러워 마치 영화 〈인셉션〉 속 꿈이 깨질 때처럼, 다른 사람들이 꿈 속의 주인공인 저만 바라보는 느낌이었는데요. 나를 보고 있지 않은 척 나를 보고 있는 시선들 때문에 눈 한번 깜빡하기 힘들었지만 타협할 수 있는 수준의 자료가 아니었기에 후배를 바라만 보고 있었던 것 같습니다. 5분의 시간이 흘렀을까. 후배가 입을 뗐습니다.

"죄송합니다."

무엇이 죄송한지 애인에게 따지듯이 물어보고 싶었지만, 시간이 없었기에 일단 제가 수정해서 보내며 일은 일단락됐습니다. 급한 일을 끝낸 후, 사이코패스 같지만 그의 마음이 조금은 헤아려졌습니다. 방금까지 '이것도 자료라고 썼냐'고 훈계를 해댔지만 그의 마음을 알고는 있습니다. 아마 고객사는 프로모션 이름도 못 정했으면서 우선 보도자료부터 써내라는 말도 안 되는 요구를 했을 겁니다. 속된 말로 쪼아대니 빨리 쓰기는 해야겠고 나중에 수정할 자료니 그저 일을 쳐내고 싶었겠지요. 매일 같이 반복되는

'을'의 애환, 모르는 바는 아닙니다.

하지만 그건 프로의 행동이 아닙니다. 프로는 주어진 행동에서 최대한의 효율efficiency을 내야 합니다. 효율은 반드시 효과effectiveness를 전제로 합니다. 효과 즉, 성과가 없는 기획서 혹은 자료는 그 전제가 어떻든 필요 없습니다. 고객사에게 '너네가 자료를 안 줘서 이렇게밖에 못 썼어'라고는 할 수 없으니까요.

그를 자리로 돌려보내고 저로 인해 분위기가 서늘해진 사무실을 피해 1층 카페로 도망쳤습니다. 휘핑크림이 잔뜩 든 카페모카를 한 입 하려는 찰나, 2년 전 이맘때의 제가 떠올랐습니다. 딱 이 계절, 빨간펜 사수와 함께 카페 구석에 앉아 과외라도 받는 듯 마주앉아 자료를 첨삭받던 그 시간이요. 저보다 다섯 살이 많았던 그는 제 자료를 항상 꼼꼼하게 피드백해주었습니다. 대리급으로 이직한 저였지만, 처음으로 보도자료를 쓴 저를 신입보다 더 신입 취급하며 호되게 일을 가르쳐줄 만큼 빨간펜 사수는 열정이 가득한 사람이었죠.

언젠가 또 '아, 피드백에는 끝이 없구나' 하며 이마를 치던 와중에 A 차장에게 들었던 말이 생각났습니다.

"나래 씨, 기획서가 어려우면 하나만 기억해요. 디테일이 전부다. 옛말에 그런 말이 있잖아. 가랑비에 옷 젖는다고. 글도, 일도 똑같아. 디테일이 무너지면 기획서는 끝인 거예요."

그때는 이해되지 않았습니다. 아니, 이해하기가 싫었죠. 어디가서 일 못한다는 소리 안 들어봤는데 신입 취급을 받는 분함 때문이었는지 아니면 머리로는 이해해도 실제 업무에 피드백 적용이 어려운 스스로가 버거워서 그랬는지 이유는 모르겠습니다. 그리고 이제는 알게 됐습니다. 빨간펜 차장이 왜 그런 말을 했는지요.

디테일은 홍보인이 짜는 판을 견고하게 만드는 힘입니다. 상황에 타협하지 않고 정확하고 일관적인 브랜드 언어로 글을 구성하는 게 디테일을 챙기는 능력이죠. 건물은 설계도로 도면만 짜서는 지을 수 없습니다. 누군가 뼈대를 올리고 콘크리트를 채워놓고 미장을 해야 하죠. 홍보인이 바로 브랜드의 뼈대를 올리고 메시지를 채워놓는 사람입니다. 홍보인의 디테일에서 나오는 정확하고 일관된 자료야말로 브랜드에 균열이 생기는 걸 막고 단단한 브랜드를 완성하는 필수 요소입니다.

비슷한 듯 다르게, 소비자를 사로잡는 일

LG생활건강 김혜원 디지털 마케터

미디어 시장이 급변하면서 홍보인의 일에도 많은 변화가 생겼습니다. '홍보'라는 말 자체가 확장하기도, 변화하기도, 세분화되기도 했죠. 그 변화의 최전선에 디지털 마케터가 있다고 느낍니다. 홍보인과 마케터의 일, 올드 매체와 디지털 매체를 다루는 일은 얼마나, 어떻게 다를까요? 혹은 얼마나 같을까요? 이에 대한 이야기를 듣고 싶어 김혜원 디지털 마케터를 만났습니다. 혜원 님은 LG생활건강에서 7년 차, 뷰티 디지털 마케팅팀에서 광고·홍보·디지털 등 커뮤니케이션 및 브랜딩 업무를 담당하고 있습니다. 그전에 홍보대행사에서 AE로 커리어를 시작했다고요. 홍보대행사 출신이라서 좋았던 점 혹은 홍보대행사 출신이었기에 다른 사람보다 더 노력해야 했던 점 등 그에게서 비슷한 듯 다른 홍보인과 마케터의 일 이야기를 들어봤습니다.

Q __ 기업에 따라 마케터의 R&R이 천차만별인 것 같습니다. 혜원 님이 담당하고 계시는 직무에 대해 조금 더 자세히 알고 싶습니다. 디지털 마케터는 무엇을 하는 사람인가요? 혜원 님의 하루 일과를 기준으로 직무를 소개해주세요.

A __ 다양한 업무를 담당하고 있어서 하루 일과를 기준으로 소개하기는 좀 어려울 것 같네요. 크게 광고와 홍보, 디지털 업무 분야로 나눠서 소개하고 싶습니다.

광고 업무에선 주로 ATL(주요 매체 광고) 업무를 담당합니다. 브랜드 모델을 서칭하고 선정 후 계약, 계약 후 본격적으로 콘텐츠 제작을 위한 촬영을 합니다. 매거진이나 백화점에 걸리는 지면 광고를 개발하기도 하고, TVC나 디지털 광고를 위한 영상을 제작합니다. 또한 방송 프로그램 PPL 등 흔히 생각하시는 광고 업무를 진행해요.

홍보 업무로는 팝업스토어 등 오프라인 행사와 매거진 협찬 등 브랜드와 제품을 다양하게 알릴 수 있는 커뮤니케이션을 기획합니다. 디지털 업무는 크게 광고와 인플루언서로 나뉘는데, 배너 및 유튜브 광고 등 디지털 매체에 광고를 집행하고 그 효율을 분석하는 업무가 주입니다. 추가로 최근 트렌드인 인플루언서와의 협업을 통해 제품을 보다 영향력 있게 알릴 수 있는 콘텐츠를 개발하고 있습니다.

Q _ LG생활건강은 뷰티에 관심이 없는 사람들도 다 알 만한 기업이에요. 뷰티뿐만 아니라, 건강 그리고 식음까지 사업 분야가 넓어서 단연 국내 대표 FMCG 기업이죠. 혜원 님이 담당하는 브랜드는 어떤 브랜드인가요? 해당 브랜드와 관련해 주로 어떤 활동을 담당하고 있나요?

A _ 저는 뷰티 사업부 담당이라, 화장품 브랜드를 위주로 커뮤니케이션을 진행하고 있습니다. 다양한 브랜드를 거쳐 현재는 럭셔리 브랜드와 올리브영 입점 프리미엄 브랜드를 담당하고 있어요. 두 브랜드 모두 광고, 홍보, 디지털 업무 모두를 담당하고 있습니다.

Q _ 혜원 님이 해당 브랜드를 담당하면서 가장 성공적으로 수행했거나 스스로 만족스러운 결과를 얻은 프로젝트로는 무엇이 있을까요? 프로젝트의 내용과 해당 프로젝트가 혜원 님에게 깊

은 의미를 갖는 이유가 궁금합니다.

A _ 너무 많은 프로젝트를 진행해서 한 가지를 딱 꼽기는 어렵지만… 뷰티 브랜드 특성상 스타 마케팅이 커뮤니케이션에서 큰 비중을 차지합니다. 최근에 담당 브랜드가 상당히 핫한 모델을 기용했는데, 이를 활용해서 온·오프라인 마케팅을 진행했습니다. 오프라인 광고물뿐 아니라 디지털 광고, 홍보 자료, 굿즈 등 다양한 마케팅을 수행하며 실시간으로 팬들의 반응을 보는 재미가 있더라고요.

개인적으로는 제품 런칭 시 IMC 캠페인을 진행할 때가 가장 의미 있습니다. 신제품을 런칭하고, 이를 시장에 안착시키기 위해 임팩트 있는 테마를 기획하여 다각도로 커뮤니케이션을 진행했어요. 제품이 점점 반응을 얻는 과정을 눈으로 확인하는 일이 즐겁더라고요.

Q _ 반대로 브랜드 또는 프로젝트를 담당하면서 유달리 힘들었던 경우도 있을까요?

A _ 가장 힘들 때는 아무래도 하고 싶은 건 많은데 예산이 적을 때가 아닐까요?(웃음) 최근에는 뷰티 브랜드가 너무 많아지고, 그 브랜드들이 모두 공격적으로 디지털 마케팅을 필수적으로 집

행하다 보니 이러한 환경 속에서 '눈에 띄는' 결과를 만들어내는 일이 가장 힘듭니다. 레드오션인 시장 속에서 '묻히지 않는' 마케팅을 하기가 좀 어려워요.

숫자에서 인사이트를 얻는 사람, 디지털 마케터

Q __ 국내 대표 로컬 PR 에이전시에서 홍보 주니어로 커리어를 시작했다고 들었습니다. 처음부터 이 업(홍보)에서 일하고 싶었는지, 커리어 시작 계기도 궁금합니다.

A __ 홍보회사 미디컴에서 3년 반 정도 재직 후, 현 직장으로 이직했습니다. 저는 대학교에서 심리학과 신문방송학을 전공했고 전공 수업을 들으며 자연스럽게 광고와 홍보에 관심이 생긴 경우예요. 해당 직무로의 진출을 위해서 PR 학회에 참여했고, 졸업 전부터 홍보 분야로 취업을 생각했습니다. 이유는 우선 글 쓰는 일을 좋아했었고, 기자 등 여러 관계 속에서 어젠다를 제시하고 노출시킬 수 있도록 전략을 짜는 일을 흥미로워했던 것 같아요.

Q __ 올해로 디지털 마케터 관련 커리어를 거의 7년 정도 이어왔는데, 혜원 님이 생각하는 디지털 마케터란 무슨 일을 하는 사

람인가요? 그리고 그 일을 혜원 님처럼 잘하려면, 어떤 성향이면 좋을까요?

A_ 디지털 마케터란 결국 낚시꾼 같아요. 사람들이 인터넷을 하는 행위를 흔히 '웹 서핑'이라고 하잖아요? 웹 서퍼들이 서핑을 하다가 잠시라도 담당하는 브랜드나 제품에 관심을 둘 수 있게끔 가장 효과적인 낚싯대를 드리우고 기다리는 거죠. 그 낚싯대는 배너 광고가 될 수도, 영상이 될 수도, 인플루언서 콘텐츠가 될 수도 있고요. 저의 MBTI는 'INFJ'인데, 마케터에 적합한 성격인지는 잘 모르겠습니다… 실제로 팀원이나 같은 직무를 하는 지인 중에는 압도적으로 'E' 성향이 많아요. 트렌드에 민감해야 하고, 밈 등에 적극적이어야 하며, 커뮤니케이션이 주된 업무라 활달한 분들이 많지 않나 싶네요.

Q_ 직무를 단편적으로 이해하기에는 KPI 지표가 단순한 접근이 될 것 같아요. 언론 홍보에서 기사가 몇 건 나왔고, 주요 매체가 몇 건 나왔는지가 성과로 측정되는 것처럼 말이죠. 디지털 마케터가 주요하게 삼는 KPI 지표들은 어떤 것들이 있을까요?

A_ 언론 홍보에서(흔히들 PR밸류라고 말하죠) 측정하는 성과가 다소 정성적이라면, 디지털 KPI 지표는 정량적이라는 것이 큰 차

이라고 생각합니다. 디지털에서 발생하는 모든 성과는 명쾌하게 '숫자'로 볼 수 있기 때문이죠. 특히 최근에 디지털 마케팅에서 가장 중요시되는 퍼포먼스 마케팅 업무가 특히 그렇습니다. 디지털 마케터의 지표는 세부 범위로는 클릭률, 조회 수, 광고로 발생한 매출을 들 수 있고 큰 범위로는 해당 커뮤니케이션 및 광고를 통해 상승한 버즈량, 브랜드 인지도를 꼽을 수 있겠네요. 내가 진행한 광고나 캠페인의 지표를 숫자로 바로 볼 수 있고, 이를 통해 인사이트를 얻어 향후 캠페인에 적용시킬 수 있다는 점이 디지털 마케팅의 매력이라고 생각합니다.

AE vs. 디지털 마케터

Q _ 홍보대행사 AE에서 디지털 마케터로 전환하게 된 계기는 무엇인가요?

A _ 딱히 계기가 있지는 않았고 개인적으로는 자연스러운 시장 흐름이라고 생각합니다. 홍보대행사에서도 언론 홍보 등 전통 홍보를 담당하다, 디지털 매체의 중요성이 커지며 페이스북 운영 등 디지털 마케팅 업무를 진행했었습니다. 이직 후 IMC 커뮤니케이션을 담당하는 팀에서 일하며 디지털 마케팅 업무로 영역이 확

장되었지요. 화장품 같은 소비재 영역에서는 ATL도 물론 중요하지만, 디지털을 통한 메시지 전달이 무척 중요해졌습니다. 소비자들이 백화점이나 오프라인 매장에서 제품을 사기보다는 온라인 몰에서 구매하는 비중이 더욱더 커지고 있기 때문이에요. 또한 매거진이나 신문에 소개되는 것보다 영향력 있는 인플루언서 한 명의 홍보가 더욱 임팩트가 커지기도 했고요. 이러한 시장의 흐름에 따라 자연스럽게 직무를 전환하게 되었습니다.

Q _ 현재 디지털 마케터로서의 생활과 예전 홍보대행사에서 AE로서의 생활을 비교할 때 가장 큰 차이점은 무엇일까요? 그리고 공통점이 있다면 어떤 것이 있을까요? 고민의 영역, 업무의 주안점, 주된 애로사항 등 직장생활 측면에서의 이야기들이 궁금합니다.

A _ 우선 에이전시와 인하우스에서의 차이는 야근이 가장 크지 않을까 싶어요.(웃음) 홍보 AE와 디지털 마케터의 가장 큰 차이점은, 개인적인 견해일 수도 있지만 직설적으로는 '사람을 만나는 횟수'라고 생각합니다. 홍보 AE로 일할 때는 고객사 미팅은 물론이고, 기자 미팅, 매체 미팅 등 미팅 횟수가 많았습니다. 디지털은 기본적으로 비대면이다 보니 직접 만나 어젠다를 전달하는 일

이 적습니다. 인플루언서 콘텐츠를 업로드하는 일이 궁극적인 목표라고 해서 인플루언서를 직접 만나지는 않으니까요. 공통점이 있다면 끝은 결국 '소비자'라는 거겠죠. 홍보나 디지털 마케팅 두 직무 모두 결국에는 소비자들에게 브랜드와 제품을 알리고 파는 일이니까요. 결론적으로 내가 담당한 제품이나 브랜드가 어떻게 소비자에게 '팔릴 것인가'를 고민한다는 점에서 맞닿는 지점이 많다고 생각합니다.

Q _ 홍보대행사에서 AE의 일과 디지털 마케터의 일에서 가장 핵심이 되는 업무나 역량을 하나씩 꼽아주신다면 무엇을 꼽으시겠어요?

A _ 최근에는 홍보대행사에서도 디지털 영역의 업무를 많이 담당하시지만, 전통적인 홍보 AE의 역할을 기준으로 생각해보면 핵심 역량은 '기획력과 커뮤니케이션 능력'이라고 생각합니다. 기획기사 피칭이나 언론을 활용한 파급력 있는 어젠다를 제시하기 위해서는 주제를 기획하는 능력이 가장 필요하다고 생각해요. 최근의 트렌드와 소비자의 심리를 파악해 소위 '먹힐 만한' 카피와 주제를 떠올리고 이를 '쓰일 만한' 글로 엮어내는 능력이 필요하다고 생각합니다. 또한 기자 미팅 등 대면 업무가 많기 때문에 원만

한 커뮤니케이션 능력도 꼽고 싶어요. 디지털 마케터 또한 캠페인 테마 기획 등 기획력이 필요하지만, 저는 '분석력'을 주된 역량으로 꼽고 싶습니다. 우선 계속해서 새롭게 생겨나는 매체, 밈, 디지털 트렌드를 분석해서 실무에 적용해야 하고요. 앞서 말씀드렸듯 디지털 업무는 '효율과의 싸움'인 경우가 많습니다. 효율이 숫자로 보여지기 때문에 효율을 분석하고 결과에서 인사이트를 얻어 이전 캠페인보다 더 고효율을 달성할 수 있도록 스스로 분석하고 공부하는 역량이 중요한 것 같아요.

A__ 홍보대행사 AE로서의 생활이 이직에 도움이 된 부분이 있을까요? 유관 산업 프로젝트를 수행했다든가 관련 업무 역량을 기르기 위해 어떤 노력을 했는지 많은 독자 분들이 궁금해할 것 같습니다. 첫 직장이었던 PR 에이전시에서의 생활은 새로운 직무 방향성을 찾는 과정으로서 의미가 있었을까요? 아니면 유망 산업에 대한 역량과 커리어를 발전시키는 시간이었다고 바라보는 게 맞을까요?

A__ 홍보대행사의 가장 큰 장점은 여러 산업 분야를 경험해볼 수 있다는 점입니다. 저도 처음엔 뷰티뿐 아니라 전자, 공공 등 여러 산업의 홍보를 담당했어요. 이 중 뷰티 브랜드 담당 커리어가

이직으로 이어진 케이스입니다. 본인이 어떤 산업에 관심이 있는지 잘 모르겠다면, 대행사에서 여러 분야를 경험하고 가장 흥미를 느낀 분야로 커리어 방향을 설정하는 것도 좋다고 생각합니다. 그런 점에서 홍보대행사 AE로서의 경험이 상당히 도움이 되었다고 볼 수 있어요.

Q _ 앞으로 디지털 마케터로서 이루고 싶은 목표가 있을까요?

A _ 광고, 홍보, 디지털 등 모든 커뮤니케이터(마케터)의 궁극적인 목표는 '소비자에게 기억되는 캠페인을 남기는 것'이라고 생각합니다. 당장 회사의 관점에서는 브랜드의 인지도를 제고하고, 제품이 많이 판매되는 것이겠지만요. 직장인이 아닌 '직업인'으로서는 앞서 말씀드린 목표가 마케터로서의 목표가 아닐까요. 타 브랜드에서 시도하지 않은 신선한 아이디어, 임팩트 있는 주제 등을 바탕으로 소비자들이 흥미를 느끼고 업계에서도 레퍼런스로 삼고 싶은 캠페인을 기획해보는 것이 목표입니다.

Q _ 이제 인하우스 디지털 마케터로서 많은 에이전시와 함께 협업하고 있을 텐데요. 홍보대행사에서 AE로 근무할 당시에는 이해가 되지 않았지만, 이제는 이해가 되는 그런 인하우스 담당자의 역할이나 입장이 있을까요?

A _ 인하우스 담당자라면 100퍼센트 공감할 것 같은데… 급한 업무 요청일 것 같아요. 대행사에 다닐 때는 예를 들어, 오늘 오후 늦게 연락해 내일 아침까지 보고 싶다고 하는 요청에 짜증도 많이 났었어요. 그런데 인하우스로 오고 보니 회사 내의 모든 커뮤니케이션이 위에서 떨어지는 톱다운이더라고요. 위에서 찾으시니 급한 요청이 많아질 수밖에 없는 구조여서, 이런 점을 좀 이해하게 됐습니다.

Q _ 오래전 일은 기억이 미화되기 마련일 텐데요. '그래도 그때가 좋았지' 하고 생각하게 만드는 홍보대행사 생활의 장점으로는 어떤 것이 있을까요?

A _ 대행사 구조의 특성상 맨파워가 무척 중요해서 대부분의 인력이 또래인 주니어들로 구성되어 있다는 점이에요. 이에 장단

점이 있겠지만, 저 같은 경우엔 좋은 사람들을 많이 알게 되었어요. 직장에서 만난 친구들이어도 지금까지 너무 친하게 지내고 있습니다. 다들 다양한 분야로 흩어졌지만 꾸준히 연락하면서 제가 속한 분야가 아닌 다양한 업계의 이야기를 접할 수 있다는 장점도 있어요.

Q _ 마지막으로 한 편의 영화 리뷰처럼, 혜원 님의 인하우스에서의 커리어와 홍보대행사에서의 커리어를 한 줄로 리뷰해주신다면요?

A _ 한 줄로 요약하기 쉽지 않은 질문이지만 '대행사에서의 다양한 경험이 인하우스에서 하나의 꽃을 피우기 위한 자양분이되다' 정도로 말씀드릴 수 있을 것 같습니다.

PART 3

홍보인의 기획력

예산을 따내고 싶은 자, '데이터'를 찾아라

여러분은 일상에서 안테나를 켜고 기획의 영감을 잘 수집하고 있나요? 이번 장에서는 '영감'과 반대되는 이야기를 해보려고 합니다. 바로 '데이터'죠.

기획은 새로운 것을 고민하고 방향성을 수립하는 일입니다. 즉, '도전'과 '시도'라는 의미가 내포되어 있죠. 새로운 것에 대한 도전이 사람뿐만 아니라 브랜드의 성장에도 도움이 된다는 점은 누구나 머리로 알고 있습니다. 하지만 도전은 '두려움'을 동반하기 마련입니다. 예측할 수 있고 또는 예측조차 불가능한 위험요인이 수반되기 때문이죠.

그래서 '데이터'가 필요합니다. 우리가 생각한 아이디어의 타당성을 입증해줄 데이터 또는 자료들 말입니다. 특히 기업의 입장에서 홍보 프로그램 하나하나는 예산과 직결되어 있습니다. 실제로 제 상사가 가장 많이 했던 말도 "아이디어 생각해봐"가 아닌 "(사례나 데이터를) 찾아봤어?"였을 정도니까요. 예산을 집행하는 사람들을 설득하기 위해서 결국 '성공 사례'나 성과의 근거로 삼을 데이터가 있어야 하는 것이죠. 즉, 예산을 사용할 만한 타당한 근거를 제시해야만 실행에 이를 수 있다는 겁니다. 남의 돈 쓰기는 쉽지 않으니까요.

이제 홍보를 시작하는, 아니 홍보가 아니라도 기획을 해야 하는 우리가 제일 먼저 해야 하는 '자료조사'와 '데이터 찾기'는 어디서부터 어떻게 시작해야 할까요? 포털 검색만으로는 99퍼센트 부족한 기획자의 자료조사와 홍보인이 되면 적어도 매달 숙제처럼 해야 하는 '월별 플랜' 작성에서 꼭 필요한 데이터를 모으는 방법을 알려드릴게요.

STEP 1. 성과 측정 및 현황 파악

월별 플랜은 다음 달에 무슨 홍보를 할지 기획해서 보고하는 문서입니다. 보통 이전 달의 결과 보고와 함께 준비합니다. 이전 달의 성과 또는 미진한 점을 개선하기 위한 전략을 제안하기 위해서죠. 즉, 그달의 '성과 측정'이 먼저 이루어져야 한다는 말입니다. 물론 회사마다 성과를 측정하는 기준인 KPI는 모두 다릅니다. 다만 언론과 디지털이라는 큰 틀에서 검증해야 하는 성과의 주요 골자는 유사합니다. 언론 홍보는 '원하는 매체에 얼마나 많이 나왔느냐', 디지털 홍보는 '자사 매체의 영향력이 얼마나 늘었냐'죠. 그래서 언론 홍보의 경우에는 전체 노출 커버리지, 목표 매체 게재량, 톤앤매너 분석이 주를 이룹니다. 디지털 홍보의 경우에는 팔로워 수 증대, 도달률이나 뷰view 수 등 콘텐츠 성과, 참여율engagement 등 채널 활성화 지표를 챙겨봐야 합니다. 매달 정량적인 현황을 파악해 잘된 점과 부족한 점을 파악합니다. 잘된 콘텐츠는 잘된 이유를, 부족했던 콘텐츠는 부족했던 이유를 분석하죠. 우리의 일은 'Why(왜)'에서 시작해서 'Why Not(왜 되지 않았는지)'으로 끝나니까요.

STEP 2. 문제점 규정

이젠 문제점을 규정할 차례입니다. 연초 수립했던 정량 KPI를 기준으로 초과 달성한 수치와 부족한 수치를 파악하는 단계입니다. 이 부분은 수치로 입증되기 때문에 너무나 명확하죠. 물론 KPI를 세울 수 없는 경우도 있습니다. 스타트업이나 이제 홍보를 셋업하는 단계의 조직이죠. 이럴 때는 경쟁사의 성과와 우리의 것을 비교한 데이터로 갈음할 수 있습니다. 물론 경쟁사와의 비교 데이터는 당초 세운 KPI가 있어도 점검하는 부분이기는 합니다. 홍보 업무와 관련된 시스템이 완벽히 갖춰진 대기업에서는 오히려 KPI 자체를 '경쟁사 대비 우위'로 설정하기도 합니다. 다음의 양식을 한번 볼까요?

22년 2월 언론 홍보 정량 성과				
구분	당사 (2월)	당사 (전월)	경쟁사 (A사)	경쟁사 (B사)
집행건수	2	4	3	3
커버리지	20	60	30	60
효율성	15	15	10	20

당사의 언론 홍보에 어떤 문제가 있는지 보이시나요? 저는 크게 2가지 문제점이 보입니다. 우선, 경쟁사 대비 이번 달 진행한 '업무 수량' 자체가 적습니다. 더 큰 문제는 PR 효율성이 전월 대비 낮아진 것입니다. 그것보다 더 큰 문제는 경쟁사보다도 효율성이 낮아졌다는 것이고요.

STEP 3. 내·외부 문제 원인 규정

자, 앞에서 문제가 규정됐습니다. 그럼 이제 원인을 찾아봐야겠죠? 이 문제점의 원인이 곧 문제 해결의 실마리이니까요. 그럼 원인을 규정하는 방법으로는 어떤 것이 있을까요?

먼저 첫 번째 문제인 '집행 수량' 자체는 일을 더 하면 됩니다. 물론 이것도 분명 쉬운 일은 아닙니다. 언론 홍보의 경우, 보도자료 수량을 더 늘려야 하니 내부의 이슈를 발굴해야 할 것입니다. 디지털 홍보의 경우, 제작 콘텐츠 수를 늘려야 하겠죠. 담당자의 공수와 고뇌가 들어가겠지만, 이건 속된 말로 '하면 되는 일'이니까 크게 걱정되지 않아요.

두 번째와 세 번째 문제는 원인을 규정하기 위해서 '분석'이 필요합니다. 내부적인 요인과 외부적인 요인을 나누어서 원인을 규정하는 것이죠. 이 또한 단계별로 접근하면 조금 더 정확하게 분석할 수 있습니다. 내부적인 요인을 살펴볼 때는 전월 또는 내부의 다른 성공 사례를 기준으로 무엇이 어떻게 달랐는지 확인하면 됩니다. 쉽게 말해 콘텐츠 자체에 대한 정성적 판단에 가깝죠. 가정의 달 5월을 활용한 콘텐츠였는지 등 시의성을, 우리 브랜드가 속한 산업과 관련한 전문적인 콘텐츠를 통해 화제성을 적절히 확보했는지 살펴봐야겠죠. 외부적인 요인을 살펴볼 때는 경쟁사 또는 소비자에 대한 이해도를 기반으로 데이터를 분석합니다. 위와 동일한 잣대로 분석하는 것입니다. 우리의 홍보가 너무 '정보성'에만 치중되지는 않았는지, 아니면 시의성에만 집중해 브랜드 전문성을 보여주는 콘텐츠가 적었던 건 아닌지 말입니다. 그러다 보면 차차 숫자 뒤에 가려진 의미가 보이기 시작할 겁니다. 그러면 그 의미를 바탕으로 '솔루션'을 제시해야 합니다.

STEP 4. 근거가 되는 외부 데이터 찾기

일련의 판단이 정리됐다면 이제 검증해볼 시간입니다. 전문성이 높은 데이터와 분석 자료들을 토대로 말이죠. 정보의 시대, 아니 정보 과잉의 시대에 정보보다 더 중요한 것은 큐레이션입니다. 정보 과잉의 시대에서 정보는 찾기 어려운 존재가 아니라 수용자에게 득이 되는 정보를 적재적소에 활용하는 것이니까요. 그럼 우리는 어떤 데이터를, 어디서 찾아 활용해야 할까요? 미디어 랩사, 통계청, 포털 검색량은 우리가 기본적으로 사용할 수 있는 데이터입니다.

우선 미디어 랩사는 이용자의 미디어 이용 트렌드, 사용 현황을 매월 또는 분기별로 분석하는 기관입니다. 고품질의 데이터는 따로 의뢰를 받고 제공하지만 트렌드 차원에서 무료로 얻을 수 있는 발표자료 정도로도 충분히 그 가치가 있습니다. 대표 랩사로는 메조미디어, 나스미디어를 들 수 있습니다.

포털 검색량은 사람들이 '무엇에 관심이 있는가'를 알아볼 수 있는 데이터입니다. 바로 그 지표를 확인할 수 있는 툴이 '네이버 광고 스테이션'과 '구글 애드센스'죠. 사람들의 관심은 '검색'으로 귀결됩니다. 그래서 기획인뿐만 아니라 소상공인들도 이 플랫폼을 많이 사용합니다. 우리가 다루고자 하는 메시지 그리고 주요 키워드에 대해 타깃들이 얼마나 관심 있어 하는지 검증한다면 여러분의 일에 좀 더 힘이 실릴 겁니다. 통계청은 국가 데이터를 취급하는 곳입니다. 지역, 세대, 소득 등 거시적인 기준을 중심으로 한 데이터를 얻을 수 있습니다.

기획은 한마디로 '새로운 것을 만드는 일'이죠. 하지만 그 과정은 어느 업무보다도 '사실'에 근거하고 '전략'에 기반해야 합니다. 우리의 기획은 결국 실행되고 그 실행은 성공과 실패 중 하나의 결과에 이르는데 그 과정에서 결국 '회사의 돈'과 '동료의 시간'을 쓰기 때문입니다. 여러분의 아이디어가 부디 성공 가능성이 높은 기획이고 그 기획이 탄탄한 데이터와 함께 힘 있게 추진되기를 바랍니다.

꾸민 듯 안 꾸민 듯,
브랜디드 콘텐츠 협업 가이드

요즘 홍보 플랜에 빠짐없이 들어가는 프로그램이 있습니다. 바로 '브랜디드 콘텐츠Branded Contents'입니다. 흔히 '페이드 콘텐츠 Paid Contents'라고도 불리는 브랜디드 콘텐츠는 유튜브나 SNS 채널과의 협업을 통해 브랜드 또는 제품의 스토리를 풀어내는 홍보 콘텐츠입니다. 과거 지상파 드라마나 예능에서 PPL 광고라고 불렸던 것들이 TV 밖으로도 나온 것이죠. 유튜브 영상 상하단에 '유료 광고를 포함합니다' 또는 '제작비 지원을 받았습니다'라는 문구가 명시되는 콘텐츠가 그 예입니다.

PPL 광고의 형태가 무궁무진한 것처럼 브랜디드 콘텐츠의 형태도 무척 다양합니다. 이는 유튜브나 SNS 채널이 점점 다양화되

ⓒ 유튜브 '채널 세상의 모든 지식'

OO의 역사도 제법 길어 4편에 걸쳐 연재할 예정입니다.

**당신이 몰랐던 OO의 역사 1편 |
창업자 최종건, 선경직물, 닭표안감과 봉황새 이불감 [브랜드스토리]**

조회수 5.9만회 1년 전 #최종건 #최종현
※ 본 콘텐츠는 OO의 제작비 지원을 받아 제작했습니다.

2022년 기준 재계순위 2위인 OO그룹은 선경직물이라는 제직산업에서
시작되었다. 선경그룹의 창업자 최종건은 어떻게 선경직물을 선경그룹으로
성장시킬 수 있었을까? OO 스토리 1편에서... 더보기

브랜디드 콘텐츠의 예

고, 여러 경계를 넘나들고 있기 때문입니다. PPL 광고의 성패는 결국 제품이 콘텐츠에 얼마나 잘 녹아들어가느냐이고, 콘텐츠의 흥망은 물론 채널의 존속에도 영향을 미치기 때문에 의뢰를 하는 홍보인이나 받는 채널 모두에게 중요하죠.

좋은 브랜디드 콘텐츠란 어떤 것일까요? '꾸안꾸'라는 말을 들어보셨을 겁니다. 꾸민 듯 안 꾸민 듯 자연스러운 패션 스타일을 뜻하죠. 예뻐 보이고 싶어서 애쓴 느낌은 싫지만 아름답게 보이고 싶은 우리의 시크한 본성이 반영된 트렌드입니다. 브랜디드 콘텐츠도 마찬가지입니다. 채널의 성격에 맞게 그리고 브랜드가 하고 싶은 말을 잘 녹여서 '꾸민 듯 안 꾸민 듯' 콘텐츠에 자연스럽게 어울리게 하는 것이 가장 중요합니다. 유튜브 영상을 보다가 혹은 TV 시청 중 노골적인 PPL 광고를 접하고는 저절로 인상이 찌푸려졌던 경험, 한 번씩은 있을 겁니다. 반면에 '기발한 PPL인데?' 혹은 '다 보고 나니 PPL'이었던 콘텐츠도 접해보셨을 겁니다. 꾸안꾸가 성공한 잘 만들어진 콘텐츠의 사례죠.

'애쓰지 않는' 게 꾸안꾸의 포인트지만 조금만 신경 쓰면 잘할 수 있는 게 꾸안꾸 브랜디드 콘텐츠입니다. 그럼, 이러한 브랜디드 콘텐츠를 기획하기 위해서는 어떻게 해야 할까요? 단계별로 알아보도록 합시다.

STEP 1. 가장 잘 어울리는 채널 찾기

브랜디드 콘텐츠를 하려는 이유는 무엇인가요? 신제품에 대한 관심도 제고인가요, 아니면 신제품 판매 증진인가요? 그것도 아니면 기업의 특정 이슈로 인해 기업 이미지 전환이 필요해서인가요?

오늘날 유튜브에는 무궁무진한 채널이 있습니다. 직접적인 프로모션으로 이어지는 '네고왕' 같은 채널, 기업의 역사를 풀어주는 '세상의 모든 지식' 같은 채널, 아예 제품 후기를 솔직하게 전해주는 '디에디트' 같은 채널도 있죠. 브랜디드 콘텐츠를 진행하는 목적과 취지를 명확히 해야 그에 가장 어울리는 채널을 선정할 수 있습니다.

새내기가 실수하기 가장 좋은 영역이 바로 '구독자 수'입니다. 채널을 살펴볼 때 무조건 구독자 수가 많으면 많을수록 좋다고 생각하는 경우죠. 물론 구독자 수는 중요합니다. 나중에 보고하기에도 좋고요. 하지만 조회 수를 따져보면 보통 구독자 수의 3~5퍼센트 정도라고 합니다. 외부 검색으로 들어오기도 하고 알 수 없는 유튜브의 로직에 따라 메인에 노출될 때 조회 수가 높아지기도 하지만 예상 수치는 결국 구독자 수와 같다고 볼 수 없습니다.

구독자 수보다 중요한 건 목적과 취지에 부합하는 '타깃'이 구독하는 채널이냐는 겁니다. 정보성 콘텐츠를 다루는 채널에서 프로모션 브랜디드 영상을 업로드할 수는 없습니다(물론 채널 측에서도 제안을 받아들이지도 않겠지만요). 결국, 브랜디드 콘텐츠가 타 깃으로 하는 구독자를 가진 채널을 찾는 것, 우리의 목적과 딱 맞는 채널을 찾는 것이 첫 단계입니다.

STEP 2. 채널 컨택 및 채널 소개서 검토

적합한 채널을 찾으면, 채널에 연락해야 합니다. 보통 유튜브 채 널이나 인스타그램은 '유선' 연락처가 없고 프리랜서로 일하는 경 우가 많습니다. 그래서 일반적으로 유튜브 채널 정보란에 있는 비 즈니스 문의 메일로, 인스타그램 DM 발송으로 연락을 취합니다.

보통 브랜디드 콘텐츠를 제휴하는 채널은 2~3일 안에 회신이 옵니다. 채널 소개서나 브랜디드 콘텐츠 레퍼런스를 함께 주기도 하고요. 이런 자료를 통해 이 채널의 주 이용층을 비롯해서 성공 사례 등을 파악할 수 있습니다. 당초 목표로 했던 메시지의 콘텐 츠가 효과적으로 도달할지 여부도 면밀하게 검토할 수 있고요.

검토 결과, 역시 이 채널이 최선이라는 생각이 드나요? 그렇다 면 이제 매체에 전달할 가이드라인을 작성할 시간입니다.

STEP 3. 브랜디드 콘텐츠 가이드라인 작성

브랜디드 콘텐츠에 대한 가장 큰 오해는 '우리 마음대로 할 수 있겠다'라는 겁니다. 비용을 지불하고 집행하는 콘텐츠니까요. 하지만 결코 그렇지 않습니다. 채널 입장에서 우리는 여러 고객 중 한 명일 가능성이 크기 때문입니다. 특히 구독자 수가 100만 명에 육박하는 메가 채널은 브랜디드 콘텐츠를 의뢰해도 진행하지 못하는 경우가 다반사입니다. 콘텐츠의 스토리가 채널 성격과 맞지 않으면 아무리 좋은 조건의 비용을 제시해도 거절당하는 경우가 많죠. 언론 홍보로 치면 경제부 기자에게 연예부 소식을 다뤄달라고 하는 격일 테니 채널 입장에서 보면 당연한 처사이기도 합니다.

하지만 비용을 지불하고 진행하는 콘텐츠이니만큼 우리가 원하는 메시지를 노출하긴 해야겠죠. 자선 사업이 아니니까요. 이러지도 못하고 저러지도 못해 답답한가요. 걱정할 필요 없습니다. 재미있게도 꾸안꾸 패션의 본질과 브랜디드 콘텐츠 가이드라인의 핵심이 맞닿아 있거든요.

바로, '선택과 집중'입니다. 채널에게 전달해줄 콘텐츠 가이드라인에는 선택과 집중이 있어야 합니다. 반드시 다뤄져야 할 '키워드'와 '메시지'를 요청하고 '플러스 알파'로 다뤄지면 좋을 브랜드

Do	Don't
• 100mg당 비타민C 함량 최고 보유 • 하루 1개로 1일 권장 비타민 섭취 가능 • 필수 키워드: 루틴템, 건강템	• 구체적인 타사 브랜드명 노출하지 말 것 • 광고 슬로건 노출하지 말 것

메시지 가이드라인 예시

메시지를 나눠서 기재해주는 겁니다. 업계 말로는 '가르마를 타준다'고 하죠.

가이드라인의 형식은 딱히 정해진 것이 없지만 저는 'Do and Don't' 형식을 선호합니다. 제가 식품 기업의 브랜디드 콘텐츠 담당이라면 다음과 같은 최소한의 메시지를 가이드라인으로 전달할 겁니다.

하지만 이건 정말 최소한입니다. 최상의 효과를 위해 그리고 내부 결재를 위해서는 'What(메세지) − How(스토리라인) − So What(기대효과)'으로 구성된 기획안을 준비하는 것이 좋습니다. 비용 집행을 결정하는 주체 그리고 채널 모두가 같은 이해 선상에서 콘텐츠를 제작하기 위해서입니다.

What 콘텐츠 메시지	How 스토리라인	So What 기대효과

• Key Message
• Do & Don't
  가이드라인
• 핵심 키워드
	• 채널 콘텐츠 문법 기준,
	  가안 스토리라인
	  구성
	• 각 스토리라인의 사용
	  가능 출처 기재
		• 목표 KPI 협의
		• 추가 필요 사항 논의

브랜디드 콘텐츠 협업 기획안 구성 요건

이 중에서 채워넣기 가장 어려운 부분이 보이실 겁니다. 바로
'So What'이죠. 비용을 써서 만드는 콘텐츠이니, 그 성패를 판단
할 기준을 정하는 협의 과정이 필요합니다. 스토리라인에 대해 채
널이 수용한다면, 그 이후 내부적인 만족도 그리고 콘텐츠의 성
패를 가르기 위한 기준점을 논의해야 합니다.

모든 것은 성과로 말한다,
KPI 설정과 모니터링

앞선 브랜디드 콘텐츠에 대한 내용이 콘텐츠 자체에 대한 기획에 가깝다면, 지금부터는 성과 측정에 대한 이야기를 해보겠습니다. 기획과 KPI를 당연히 모두 챙겨야 하지만 이렇게 나눈 이유는 콘텐츠 자체에 집중하느라 후자는 소홀히 하는 경향을 현장에서 자주 목격하기 때문입니다.

아쉽게도 브랜디드 콘텐츠는 채널의 기존 콘텐츠보다 상대적으로 조회 수가 낮습니다. 채널에서 대충 만들어서가 아니라, 브랜드의 메시지가 녹아들어가는 과정에서 이탈이 생기는 경우가 많고 일단 광고라는 인식 때문에 클릭 수 자체가 적습니다.

그래서 콘텐츠 KPI를 잡을 때 이런 특징을 잘 이해하고 설정해야 합니다. 그냥 채널의 최근 한 달 조회 수 또는 채널 소개서에 명시된 평균 조회 수를 기준점으로 잡다가는 콘텐츠 게재 이후 불안한 마음에 허덕이기 십상이죠. 채널 구독자가 자발적으로 보는 자연 콘텐츠의 높은 조회 수나 채널의 역대급 히트 콘텐츠의 조회 수가 합산 반영된 평균 조회 수를 브랜디드 콘텐츠가 도달하기는 쉽지 않으니까요.

STEP 4. 목표 KPI 협의하기(feat. 콘텐츠 이벤트)

KPI를 정할 땐 이미 채널에서 진행된 적 있는 브랜디드 콘텐츠의 조회 수로 잡는 것이 현실적입니다. 동종업계에서 이미 진행한 콘텐츠가 있다면 그걸 기준점으로 잡는 것도 좋죠. 예산 집행자와 채널 모두가 납득할 만한 목표 수치를 설정하고 협의하는 과정을 거치는 겁니다. 예를 들면, 이런 식이죠.

목표 수치	A사 누적 조회수 10만	B사 누적 조회 수 20만	당사 브랜디드 콘텐츠 KPI	분기 조회 수 6만
협의 내용	22년 10월 발행 (6개월)	22년 3월 발행 (12개월)	누적 조회 수 2만 (1개월 기준)	연간 누적 조회 수 24만

조회 수에 대한 KPI 설정으로 콘텐츠 노출 및 도달이 끝났다면, 그다음엔 댓글에 집중할 차례입니다. 바로 참여율 항목이죠. 브랜디드 콘텐츠의 조회 수가 자연 콘텐츠 대비 낮은 게 현실이라면, 콘텐츠 '활성화' 지표인 시청자들의 댓글 등 리액션을 받기는 더 어렵겠죠. 시청은 해도 굳이 그 콘텐츠에서 '놀지는' 않는 겁니다. 기왕 집행하는 콘텐츠에서 시청자들이 우리 메시지를 이해하고 나아가 가지고 놀게 하려면 어떻게 해야 할까요?

이때 고민해야 하는 것이 이벤트입니다. 브랜디드 콘텐츠의 시청자를 대상으로 적극적인 시청 또는 확산을 장려하는 콘텐츠 프로모션을 진행하는 겁니다. 가장 기본적인 이벤트는 시청평을 댓글로 남기게 하거나 또는 콘텐츠의 핵심 키워드를 퀴즈로 내 댓글로 답을 맞추는 사람에게 리워드를 지급하는 방식입니다.

보통의 채널들은 이벤트를 함께 진행하기를 선호합니다. 채널 측에서도 댓글은 중요한 활성화 지표니까요. 단, 채널에 따라서 이벤트를 진행하는 건 별정 사항으로 추가 비용을 요구할 수도 있어요. 그러니 사전에 체크 또는 협의해야 합니다.

영상 말미에는 도서 증정 이벤트에 대한 안내도 있으니

✅ 스우시 없는 나이키 상상해 본 사람!? [도서백과사전]

조회수 11,806회 2023. 4. 21. #나이키 #스우시
※ 본 콘텐츠는 ○○북스의 제작비 지원으로 제작했습니다.
[영혼의 설계자] 구매 링크
교보 http://bit.ly/40T0yLn | 예스 http://bit.ly/3UwlBB5 |
알라딘 http://bit.ly/3KP1ElH

나이키 = 스우시, 스우시 = 나이키라고 할 정도로 스우시는 나이키의 정체성을
가장 잘 담고 있다고 평가되고 있는 로고입니다. 그런데, 나이키가 스우시의
사용을 중단했던 적이 있다는 사실 아시나요? 그 이야기를 살펴보려 합니다.
이번 영상은 나이키 전 최고 마케팅 책임자 그레그 호프먼이 쓴
[영혼의 설계자]를 참고하여 제작했습니다.

#나이키 #스우시 #그레그호프먼 #영혼의설계자
['영혼의 설계자' 책 증정 이벤트] (이벤트 종료)
- 응모 방법 : 1. 영상 내 댓글 달기
            2. 하단 구글폼에 들어가서 이벤트에 응모하기
- 신청 링크 : https://forms.gle/DfsqohZ5j9QTjYc27
- 참여 기간 : ~ 4월 28일(금) 오후 6시
- 당첨자 발표 (총 10명) : 5월 1일(월) 커뮤니티 공지 및 개별 메일 발송
- 반드시 자주 확인하시는 메일을 기재해주세요.

ⓒ 야뜨비 채널 '세상의 모든 지식'

STEP 5. 계약서 작성

이제 대망의 계약서를 작성할 순간입니다. 사실상 스토리 협의도, 목표 설정도 다 마쳤으니, 큰 문제 없을 것 같다는 생각이 듭니다. 그러나 홍보 담당자로서 반드시 체크해야 할 것이 하나 남았습니다. 바로 '2차 활용' 부분인데요, 특히 SNS 채널과 협업하는 브랜디드 콘텐츠의 경우 꼭 잊지 말고 챙겨야 합니다.

유튜브 또는 인스타그램 채널의 경우, 콘텐츠 저작권은 보통 채널 측에 있습니다. 말 그대로 채널이 콘텐츠를 제작하니 별 논쟁의 여지가 없습니다. 문제가 되는 건 완성된 브랜디드 콘텐츠의 활용 범위입니다. 우리가 돈 주고 만든 콘텐츠를 어디까지 사용할 수 있냐는 거죠.

홍보 담당자의 탁월한 기획과 제작 채널의 압도적인 센스로 훌륭한 브랜디드 콘텐츠가 나왔다고 가정해봅시다. 채널 게재 후 조회 수와 댓글도 순항 중입니다. 이때쯤 홍보 담당자는 이런 생각이 듭니다. '이 영상을 조금 편집해서 브랜드 공식 채널에 올리면 좋겠는데?'라고요. 홍보 담당자로서 충분히 할 수 있는 생각입니다. 영상 소스도 받아 놓았겠다, 기존 콘텐츠 퀄리티도 좋았겠다, 조금만 힘을 보태면 진정한 OSMU를 해낼 수 있을 것 같거든요. 하지만 세상만사 쉬운 일은 없듯이 브랜디드 콘텐츠를 편집해서 사용하는 건 생각만큼 쉽지 않습니다. 저작권과 사용권 그리고 2차 활용권은 엄연히 다른 문제이기 때문입니다.

콘텐츠를 2차 활용한다는 것은 기존 저작물을 가공해서 추가 유통을 한다는 뜻입니다. 즉, 기존 콘텐츠의 저작권을 일정 범위 침해하게 되는 셈이죠. 그렇기에 2차 활용에 대한 가능 여부와 범위를 계약 과정에서 반드시 협의해야 합니다.

그 외에도 브랜디드 콘텐츠 계약 체결 시 반드시 살펴야 하는 체크포인트로 3가지를 꼽고 싶습니다. 너무도 당연한 것이지만 게재 채널명을 잘 살펴보세요. 계약서에 명시된 채널만 업로드되기 때문입니다. 동일 채널의 인스타그램, 트위터가 있어도 각 채널별 업로드를 할 경우 콘텐츠 최적화라는 공수가 들어가기 때문에 추가 비용이 발생하니, 사전에 게재하고 싶은 채널을 다 기재해야 합니다. 콘텐츠 최소 업로드 기간도 살펴볼 필요가 있습니다. 한 번 제작 및 발행한 콘텐츠라도 채널 측에서는 삭제할 권한이 있습니다. 그러니 우리 브랜디드 콘텐츠를 해당 채널에 최소한 얼마 동안 게시할지 기간을 명시해야 합니다(보통은 6개월을 명시합니다).

콘텐츠 2차 활용 범위 및 비용도 마찬가지입니다. 콘텐츠 2차 활용이 가능한 범위를 규정하고 각 범위별 추가로 발생되는 비용

을 명시합니다. 예를 들면 콘텐츠 길이나 B컷 활용 여부 등을 들
수 있어요.

STEP 6. 게재 모니터링

자, 지난한 계약 조율과 '진짜진짜최종'의 수정을 마쳤나요? 드
디어 콘텐츠 게재의 순간입니다. 품 안의 자식을 독립시키는 것처
럼 가슴이 벅차겠지만, 그 기분에 그쳐서는 안 됩니다. 모니터링
을 해야 하거든요.

보통 유튜브 또는 인스타 브랜디드 콘텐츠는 게재 일주일 내에
확산이 끝납니다. 즉, 시청이 집중되는 시간은 게재 후 일주일인
거죠. 이 기간 동안 우리는 댓글과 커뮤니티 모니터링을 해야 합
니다. 많은 이들의 검수를 받은 콘텐츠라도 혹시 놓쳤거나 시청자
들을 불편하게 하는 요소가 있을 수 있으니까요. 그 요소가 네거
티브 바이럴로 이어질 수 있으니 주의를 기울여야 합니다.

영향력은 양날의 칼입니다. 우리의 콘텐츠에 긍정적인 반응만
있다면 좋겠지만, 한 길 사람 속은 모르는 만큼 어떤 식으로 콘텐
츠가 소비되는지 꾸준히 모니터링해야 합니다. 물론 우리가 힘들
게 만든 콘텐츠에 대한 사람들의 반응을 보기 위함이 모니터링의
가장 큰 이유일 테지만요.

STEP 7. 결과 리포트 수령 및 개선점 도출

콘텐츠 게재 후, 채널들은 약속한 일정에 따라 결과 리포트를 보내줍니다. 7일, 14일, 또는 한 달 후에요. 사실 유튜브 영상은 업로드가 된 후 시간이 지날수록 조회 수가 누적되기 때문에 급히 받을 필요는 없습니다. 하지만 비용 지급과 성과 측정 등의 업무를 하려면 마냥 기다릴 수는 없죠. 보통 14일 후 결과 리포트를 받습니다.

결과 리포트에서 챙겨봐야 할 포인트가 있습니다. 단순 조회수나 노출을 넘어서 유의미한 정성적·정량적 성과를 파악하기 위해서죠. 무엇을 살펴봐야 할까요?

우선 시청 체류 시간을 살펴봅니다. 유튜브 등의 영상 결과 리포트에는 시청 체류 시간이 나오는데요. 브랜디드 콘텐츠 중에서 시청자들에게 도달한 실제 비중을 확인할 수 있는 지표입니다. 예를 들어 타깃에게 노출되기를 원했던 내용이 4분부터 노출되는데, 평균 시청 시간이 3분을 넘기지 못했다면 그 콘텐츠는 소기의 성과를 달성하지 못했을 가능성이 큽니다. 시청자 정보도 살펴볼 수 있습니다. 시청 연령, 지역, 성별 등의 기본 정보가 제공됩니다. 가장 기본적인 데이터이지만 우리가 타깃으로 한 사람이 실제로 영상을 클릭하고 시청했는지를 확인할 수 있는 확실한 정보인

셈이죠. 그리고 각 채널에는 활성화 지수가 있습니다. 다른 콘텐츠 대비 그 채널의 경쟁력을 확인할 수 있는 데이터로 평균 수치 대비 높은 성과를 기록했다면 이 또한 활용할 만한 데이터입니다.

정량 데이터를 토대로 브랜디드 콘텐츠의 성과를 측정했다면 이제 정성적 데이터를 살펴야 합니다. 시청자들이 실제로 이 콘텐츠를 어떻게 바라보았고 평가했는지에 대한 내용이죠. 이는 앞서 우리가 해온 모니터링을 통해 확보할 수 있습니다. 시청자들의 신랄한 댓글이 있을 테니까요. 댓글 안에서 밈을 만들며 놀고 있을 수도 있고, 광고 티가 너무 난다며 놀리고 있을 수도 있습니다. 이런 정성 어린 댓글들과 친해질 때 다음 브랜디드 콘텐츠의 개선점을 저절로 파악하게 될 거예요.

글보다 강력한 단 한 장의 컷, 보도사진

이 장의 마지막으로 보도사진의 촬영에 대해 이야기를 해볼까 합니다. 보도사진은 보도자료를 배포할 때 함께 배포하는 이미지 자료 중 하나입니다. 홍보 일을 하고 있다면 SNS 콘텐츠를 만들기 위해서나 행사 스케치 사진 등 직접 사진을 찍는 일이 많겠지만, 보도사진은 조금 다른 영역입니다. 사진은 보도의 관점, 콘셉트를 직관적으로 보여주는 자료 중 하나이기 때문이죠. 특정한 형식이 있기도 하고 자주 진행하지 않기 때문에 조금 더 낯설게 여겨지기도 하고요. 그렇기 때문에 보도사진을 촬영할 때 신경 써야 할 부분을 꼼꼼하게 챙겨야 합니다.

단적인 예로 제가 직접 겪었던 에피소드를 하나 들려드릴게요.

때는 추운 겨울날이었습니다. 고객사가 기자간담회 전 보도사진을 확보하길 원했고 결국 일정상 기자간담회 당일 새벽에 촬영을 강행했죠. 그런데 일이 터졌습니다. 5시 30분에 도착하기로 한 모델이 10분 지각한 것은 문제도 아니게 된 사건, 바로 그녀의 '노란' 염색 머리였습니다.

실제로 모델의 컨디션이 다른 건 꽤 자주 있는 일입니다. 살이 더 쪘거나 빠질 때도 있고 머리 색깔이 다를 때도 있죠. 하지만 노란 머리라니요. 심지어 이런 불상사를 막고자 어제 후배가 모델 SNS 계정까지 체크했건만, 일주일 사이에 머리가 저렇게 밝아졌을 줄이야. 모델과 함께 찍혀야 했던 제품은 고객사에서 출시한 제품 중 역대급 초고가였기에 노란 머리는 저도 고객사도 납득할 수 없었습니다. 하지만 배포까지 남은 시간은 단 세 시간이었죠.

두 눈 가득 원망을 뚝뚝 떨어뜨리며 고객사 눈치를 살피던 중, 한숨을 푹 쉬는 임원을 보며 담당자가 말했습니다. "흑채든 컬러 스프레이든 방법을 찾아주세요." 대기실로 뛰어가 스타일리스트, 메이크업 담당자, 모델 소속사 담당자를 붙잡고 다짜고짜 블랙 헤어스프레이를 찾기 시작했습니다. 당연히 아무도 없었습니다. 그렇게 발을 동동 구르는데 메이크업 담당자의 한 마디가 들렸습니다. "컬러 스프레이는 숍에도 구비되어 있지 않아요."

고객사가 눈으로 욕하는 걸 봐서였을까요, 제게는 오히려 현재 장소가 강남이라는 것, 그리고 강남에는 24시 헤어숍이 꽤 있다는 사실에까지 다다랐습니다. 바로 지도를 켰고, 24시 헤어숍을 검색해 전화를 돌리기 시작했습니다. 그때 시각이 새벽 6시였습니다. 전화를 안 받는 곳이 더 많았지만, 지치지도 않고 말을 이어갔습니다. "안녕하세요, 다름 아니라 컬러 스프레이 구매 가능할지 문의드리려고 연락드렸습니다." 가당치도 않은 질문이란 걸 스스로 알지만 멈출 수는 없었고 30분 동안 건대에 위치한 헤어숍까지 전화를 돌린 끝에 불가하다는 결론에 이르렀습니다. 결국 처음에 제안한 대로 사진을 찍고 급하게 보정해 어찌어찌 보도사진은 배포되었지만 아직도 그 순간을 잊을 수가 없습니다. 황당, 당황, 무력감으로 이어졌던 그날의 감정을 말이죠.

이런 사건 사고의 리스크를 최소화하고 원하는 방향의 보도사진이 나오게 하기 위해서 홍보 담당자는 무엇을 확인하고 준비해야 할까요? 지금부터 보도사진 업무에 필요한 체크 사항들을 하나하나 알아보도록 합시다.

보도사진의 3요소: 제품, 메시지, 모델

보도촬영을 기획할 때 우리는 '앵글'을 고민합니다. 앵글을 더 익숙한 말로는 '콘셉트'라고도 할 수 있습니다. 이 콘셉트를 구성하는 데 고려해야 할 요소는 크게 3가지인데요, 제품, 메시지 그리고 모델(오브제)이에요.

보도사진에는 제품의 특성이 잘 드러나야 합니다. 앵글을 구성할 때 제품의 특징 중 딱 한 개를 골라서 보여준다고 생각하면 쉽습니다. 보도사진은 직관적으로 뉴스를 보여주기 위한 자료라서 캡션도 한 줄로 끝납니다. 제품의 특성을 보여줄지, 효능을 보여줄지, 콘셉트를 보여줄지 등을 고민해 주요 메시지를 정하면 결정된 메시지에 맞추어 모델과 소품을 준비하는 식입니다.

예를 들어 '스테이크 토핑이 풍부한 신제품'이라는 메시지가 정해졌다면, 앵글에서 노출되어야 할 건 제품(피자), 주재료(스테이크)를 보여주는 오브제, 메시지를 담은 보드판입니다.

"이 제품은 직장인들이 간편하게 활력 에너지를 충전하기에 좋은 건강기능식품이에요"처럼 제품으로 인한 효능을 보여주려면 그 효능을 시각화해야겠죠. 그런데 활력 에너지가 눈에 보이는 것도 아닌데 어찌해야 할까요. 제품 섭취의 TPO(직장)와 효능(에너지)을 상징화하는 앵글을 보여주면 됩니다. 오피스 용품 그리고

© 피자헛 공식 홈페이지

제품의 메시지에 집중한 보도사진

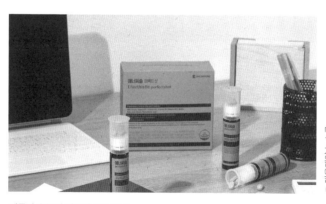

© 대웅제약 뉴스룸

제품의 효능에 집중한 보도사진

비타민의 대명사인 오렌지 같은 소품들과 함께요.

 제품의 큰 콘셉트 자체를 주요 앵글로 삼는 경우도 있습니다. 예를 들어 역대급 초고가 프리미엄 라인의 론칭 보도사진 촬영이라면 제품 노출과 함께 신경 써야 할 건 모델의 아웃핏 그리고 오브제입니다. 모델의 의상이나 콘셉트를 통해 프리미엄이 주는 밸류가 직관적으로 보이기 때문이죠.

© LG전자 소셜 매거진

제품 콘셉트에 집중한 보도사진

변수의 변수를 보완하는 최후의 보루, 보정

이렇게 앵글을 구성하고 모델 섭외, 소품 준비를 마쳤다면 촬영 단계로 넘어갑니다. 하지만 사실 촬영은 흔히 실장님이라 불리는 그날 촬영자의 역량이 9할입니다. 요즘은 실장님의 보정 실력이 9.5할이죠. 모델이 들고 있던 하얀 패널에 슬로건을 넣는 보정은 물론, 현장에 있는 오브제를 지우기도, 없는 로고를 넣기도 하는 등 경우의 수를 셀 수 없는 후보정들이 발생하니까요. 항상 손발을 맞추는 포토 실장님이 있다면 가장 좋겠지만, 그게 아니라면 그분의 이전 작업물 중 참고할 만한 사진들을 꼭 챙기도록 하세요. 실장님이라면 웬만한 사진은 다 잘 찍으시지만, 보도사진을 잘 찍는다는 건 또 다른 개념이니까요.

지금까지 보도사진 촬영 시 발생하는 변수, 돌발상황을 짚어보았는데요, 사실 변수라는 건 말 그대로 변수라서 예상하는 데 한계가 있습니다. 그저 시작하는 여러분의 보도사진 촬영에 통제 가능한 변수만 생기기를 바랍니다.

일단 해보는 마음이 세상을 바꾸는 힘으로

한국PR협회 27대 김주호 회장

홍보인을 꿈꾸는 이라면 누구나 한 번쯤 《PR의 힘》이라는 책을 읽거나 들어보았을 것입니다. 2005년 초판이 나온 후 시대의 변화에 맞춰 개정을 거듭해오면서 PR의 바이블로 자리 잡은 책이죠. 이 책을 쓴 저자 김주호 님은 한국 PR 현장을 아주 오랜 시간 몸소 겪어온 분입니다. 1987년 한국에 광고대행사가 불과 4개밖에 없었고 홍보대행사는 극소의 소규모 기업이 전부였던 시절에 제일기획 공채로 일을 시작하셨다고요. 평창 동계올림픽 조직위 기획홍보부위원장으로 일했고, 지금은 KPR이라는 PR 에이전시의 대표이자 한국PR협회 27대 회장으로서 한국PR계를 진두지휘하는 김주호 님께 홍보인에게 꼭 필요한 자질과 홍보인의 미래에 대한 이야기를 들어보았습니다.

Q ＿ 제일기획에서 PR, 홍보 일을 시작하셨다고 들었습니다. 제일기획은 우리나라의 대표적인 광고대행사인데요. 광고회사에서 홍보인의 커리어를 시작하시게 된 계기가 있나요?

A ＿ 제가 제일기획 공채로 일을 시작한 게 1987년이었으니 88올림픽이 개최하기도 전이네요. 당시 한국에 광고대행사, 홍보대행사가 손에 꼽을 정도로 적어서 선택지가 많지 않았어요. 그래서 제일기획에 입사해 PR 부서를 선택하는 식으로 홍보 일을 시작했습니다. 글쓰기를 좋아하는 저의 특성상 PR이 잘 맞을 것 같다고 생각했기 때문이죠. 전사에서 PR기획 담당자는 저와 사수를 포함해 딱 두 명이었습니다. 좋게 말하면 전문 인력이 된 셈이었고 쉽게 말하면 주류가 아닌 셈이었죠. 실제 하는 일도 당시에는 PR팀 업무 대부분이 사보를 만들거나 홍보 영화를 제작하는 것이었어요. 기대가 컸던 신입인 저는 PR컨설팅이나 플래닝을 기대했는데 말이죠.

Q ＿ 기대했던 업무와 실무 간의 괴리. 제가 이 책을 쓰게 된 계기이기도 한데요. 주호 님은 그 괴리를 어떻게 극복하셨나요?

A __ 기회가 올 때까지 버틴 것 같아요. 운이 좋게도 그리 오래 기다릴 필요는 없었습니다. 바로 다음 해에 88올림픽이 열렸거든요. 88올림픽이 끝나면서 삼성은 본격적으로 글로벌 홍보를 시작하고 스포츠 스폰서십에 참여하게 됩니다. 당시 삼성전자와 협업해 업무를 수행하던 저 또한 글로벌 홍보와 스포츠 스폰서십은 물론 IMC 영역까지 급속도로 홍보 업무의 영역을 확장시켜나갈 수 있었습니다.

Q __ 분명 지금의 주호 님을 만든 8할은 방금 말씀해주신 제일기획에서의 경험들일 텐데요. 한창 전문가로 크고 있던 성장기를 돌이켜보면, 주호 님은 어떤 홍보인이었나요?

A __ 일단 PR에 대한 시각이 확고했던 것 같습니다. 일을 시작한 조직이 국내 굴지의 광고대행사이다 보니 수십, 수백 억 규모의 광고를 제작하고 매체를 사는 것을 보게 됩니다. 반면에 PR은 예산이 상대적으로 높지 않았던 것 같아요. 몇 날 며칠 똑같이 제안서를 써도 주어진 예산은 한정된 경우가 많다 보니 내가 지금 뭘 하는 건가, 허무할 때도 있었죠. 하지만 저는 PR에 대한 애정이 분명한 실무진이었던 것 같아요. 예산으로 매체를 사서 집행하는 광고보다 대중과의 관계를 형성하기 위한 전략과 기회를 만

드는 게 브랜드에 장기적으로 자산이 된다고 믿었으니까요.

Q _ 하지만 PR에 대한 애정만으로 한 직장에서 27년간 재직하며 이렇게 다양한 경험을 해내기는 어려울 것 같습니다. 지금과 같은 '마스터'의 경지에 오르게 만든 다른 동력은 없었을까요?

A _ 저는 지금도 그렇지만 일이 떨어졌을 때 일단 한 번 해보는 스타일입니다. 요즘 말로 챌린지를 즐기는 편이죠. 도전을 즐긴다는 말은 거창해 보이지만, 사실 그렇지 않은 경우가 많습니다. 아직 누구도 해보지 않아서, 어디서 어떻게 시작해야 할지 모르는 막막한 일이지만 나에게 주어진 일이라서 시작하는 마음가짐일 뿐이죠.

한 예로 1996년 애틀랜타 올림픽 때였어요. 그때는 삼성전자가 처음 올림픽을 활용해서 캠페인을 추진할 때였는데 앰부시 마케팅Ambush Marketing(규제를 피해 가는 마케팅 기법. 올림픽 같은 스포츠 이벤트에서 공식 스폰서가 아니면서도 광고 문구 등을 통해 올림픽과 관련이 있는 업체라는 인상을 주어 고객의 시선을 끄는 방식을 의미한다)을 했죠. IOC 규정이 정말 까다롭거든요. 임팩트가 크지만 그만큼 리스크도 큰 이벤트인 겁니다. 그런데 국내에서는 누구도 해본 사람이 없었어요. 그래서 현지 외국 전문 PR 에이전시랑 파트너십을 체결하고 컨설팅을 받으면서 배우다시피 하면서 캠페인을 수행했던 기억이 납니다. 그때의 그 경험, 저에게 주어진 일이라서 막막하지만 돌파구를 찾고 경험의 영역을 넓혀나간 것이 지난 평창 동계올림픽 조직위원회까지 이어지지 않았을까 싶어요.

AE, 열린 마음으로 경험의 폭을 넓힐 것

Q _ 주호 님이 생각하는 PR 에이전시의 AE는 무엇을 하는 사람인가요?

A _ PR 에이전시의 AE는 클라이언트와 고객 간의 관계를 상호 호혜적beneficiary으로 만들어주는 전략을 세우는 사람입니다. 단순히 세일즈를 창출하는 것과는 다른 이야기죠.

예를 들어볼까요? 2021년 팬데믹으로 직격탄을 맞은 분야 중 하나가 자동차 시승 서비스였습니다. 고관여 상품인 만큼 시승은 자동차 구매에 있어 필수 관문이니까요. 이런 문제 상황에서 KPR은 기아의 신차 프로모션을 위해 '기아 VR 드라이빙 센터'를 오픈했습니다. 기아 VR 드라이빙 센터는 기아의 전기차 EV6 출시와 함께 공개된 디지털 경험 플랫폼 서비스입니다. VR 기술을 접목해 소비자들이 가상 공간에서 EV6의 시승을 체험할 수 있도록 제작된 신개념 시승 서비스였죠. 이 서비스는 국내외 PR 어워즈에서 여러 번 수상을 하기도 했는데요. 사실 주된 성과는 코로나 팬데믹 시국에 EV6 시승에 대한 사람들의 '이야기'가 자발적으로 나왔다는 지점입니다. 물론, 구매 전환도 높았습니다. 호의적인 관계를 구축하는 PR의 기능이 구매로까지 연결된 셈이죠.

그런 면에서 PR 에이전시의 AE가 하는 일은 쉽게 말해 고객사와 대중을 '연결'하는 일입니다. 두 대상의 다른 니즈를 하나의 가치로 연결시켜주는 솔루션, 즉 새로운 가치를 전략적으로 내놓는 사람이죠.

Q _ 그럼 홍보대행사 AE와 광고대행사 AE 간의 차이점이 있다면 무엇일까요?

A _ 광고 AE와는 조금 다릅니다. 광고 에이전시에서 아무래도 AE는 광고주가 원하는 메시지가 소비자에게 잘 도달할 수 있도록 하는 역할을 합니다. 선후 관계가 더 명확하다고 볼 수 있죠.

하지만 업무의 영역으로 보자면 갈수록 PR과의 경계가 불분명해지고 있습니다. 두 대행사가 다루는 미디어 영역이 구분하기 어렵고 기획·생산하는 콘텐츠 영역에 큰 차이가 없기 때문입니다. 이는 미디어가 융합되는 현상과 연결됩니다. 결국 PR대행사든 광고대행사든 타깃에 맞추어 다각적인 미디어를 믹스해내는 것의 싸움입니다. 그런데, 이 미디어라는 소스가 유사해지다 보니 결국 구성원들이 하는 업무는 통합되어가는 형국인 거죠. 해서, 오늘 날 두 대행사 AE들에게 요구되는 소양은 갈수록 닮아가는 중이 라고 볼 수 있습니다.

Q __ 광고대행사든 홍보대행사든 결국 전문 역량을 제공하는 전문 컨설팅의 영역입니다. 주호 님이 보시기에 이 업계에서 롱런 하기 위해 필요한 AE의 제1 필수조건은 무엇일까요?

A __ PR에 대한 애착과 일단 한 번 해보는 마음가짐인 것 같습 니다. 엄중한 각오가 필요해 보이는 단어지만, 사실 동료 또는 조 직의 요청에 오픈마인드로 응하는 자세면 충분해요.

한 예로 저는 타 부서에서 경쟁 PT 제안서에 PR 부분을 함께 작성해달라는 요청이 오면 항상 응해주었습니다. PR 담당 직원은 상대적으로 소수고, 제가 실무를 담당했을 때는 시도 때도 없이 밀려드는 타 팀의 요청에 밤낮없이 제안서를 써야 했을 때도 있 었죠. 그래도 항상 응해주었습니다. 이런 히스토리가 쌓이다 보니, 타 팀에서 제안서를 쓸 때 PR 파트가 필요할 때면 가장 먼저 도 움을 요청하는 사람이 제가 되어 있었고 그로 인해 비딩 참여 경험과 프로젝트 참여 경험까지 더 많아졌죠. 이런 경험의 선순환이 이루어지려면 일단 도전하는 용기가 필요합니다.

사실 이런 마음가짐은 PR 업무뿐만 아니라, 어떤 일의 전문가가 되기 위해서 필요한 경험의 총량을 쌓는 관문이기도 합니다. 그래서 누군가 일을 주었을 때, 회피하지 않고 일단 해보는 것은 상대를 위한 일이기도 하지만 결과적으로 나를 위한 일이기도 한 셈입니다. 다만, PR은 크게 보면 컨설팅의 영역이고 컨설팅은 담당 인력의 경험과 역량이 결과물에 절대적인 차이를 만들어내죠.

열린 마음으로 넓힌 경험의 폭이 전문가로서 낼 수 있는 시야의 폭을 넓히는 선순환의 시작이 되는 건데요. 이 선순환의 구조를 만들어낼 수 있느냐 없느냐가 롱런의 첫 조건이라 할 수 있겠습니다.

가보지 않은 길을 가는 이에게

Q _ 한국 PR협회 회장으로 선출되신 이후, 주니어 육성을 위해 교육기회 제공 등 많은 노력을 기울이고 계신 걸로 알고 있습니다. 주호 님이 보시기에 90년대생을 넘어 2000년대생 차기 홍보인들의 절대 강점으로는 어떤 것을 꼽을 수 있을까요?

A _ 그들의 삶의 일부가 이미 콘텐츠 크리에이션에 녹아져 있다는 점입니다. 일종의 네이티브 크리에이터라고 할까요? 태어나면서부터 사진, 영상으로 소통하고 콘텐츠로 소통하는 걸 삶의 일부로 받아들여온 세대죠. 사실, PR 에이전시에서 수행하는 대다수의 업무 영역이 콘텐츠 크리에이션입니다.

그래서 PR협회의 교육과정을 통해서 PR 전문가를 꿈꾸는 친구들에게 이미 그들이 하고 있는 일이 PR 에이전시의 업무라는 점을 알려주는 데 주안점을 두고 있습니다. 20인의 전문가로 구성된 교육과 대학생PR위원회 운영 등은 차기 PR 전문가가 되고 싶어하는 대학생들에게 PR 회사가 어떤 일을 하는지 파악하고 현장 경험을 할 수 있도록 합니다. 이를 통해 역량 있는 인재들이 PR 에이전시에서 커리어를 시작하도록 기회의 장을 열어주고 있죠. 실제로 교육을 수강한 친구들이 PR 에이전시가 이런 일을 하는지 몰랐다며, PR 에이전시로의 커리어를 설계하는 경우를 보면 제대로 운영이 되고 있는 것 같아 뿌듯할 때가 많습니다.

Q _ 주호 님이 생각하는 PR 에이전시에서 '일을 잘한다'의 정의는 무엇일까요? 그리고 일을 잘하려면 '어떤 공부'를 해야 할까요?

A _ PR 에이전시에서 일을 잘한다는 건 고객과 공중 사이에서

소통을 잘한다는 의미입니다. 이게 곧 '성과를 낸다는 것'이고요. PR 에이전시에서의 성과는 '클라이언트의 만족'이거나 '조직의 수익' 둘 중 하나죠. 이 2가지가 PR 에이전시의 존재 이유이자 조건이니까요.

그럼 자연스레 PR 에이전시에서 일을 잘한다는 건 클라이언트를 만족시키고 조직이 수익을 내는 데 기여하는 거겠죠. 구체적인 방법론으로 들어가 보자면, 먼저 클라이언트 대응은 클라이언트의 요구에 얼마나 답을 효과적으로 제시해줄 수 있는지가 핵심입니다. 보통 시니어 연차가 담당하게 되는 영역일 텐데요. 각자가 가진 경험, 연륜, 데이터, 케이스를 토대로 클라이언트의 요청에 기민하게 효과적인 커뮤니케이션 방향을 제안해내야 합니다.

그리고 기획서 작성 역량이 중요합니다. PR 에이전시는 '비딩'이라고 하는 경쟁 입찰 과정을 통해서 새로운 프로젝트를 수주합니다. 이 비딩 과정에서 반드시 필요한 것이 바로 기획서죠. '구슬이 서 말이라도 꿰어야 보배'라 했습니다. 아무리 번뜩이는 전략이 있다고 해도 다른 에이전시보다 논리적이고 명확하게 이를 전달하지 못한다면 아무 소용이 없습니다. 뿐만 아니라, 기획서 역량은 앞서 말한 클라이언트 응대 능력의 기본이 되는 사항이기도 합니다. 클라이언트가 원하는 커뮤니케이션 방향성을 일목요연하게 작성한 기획안은 결국 그들이 우리를 전문가로서 신뢰하고 따르게 만드는 힘의 원천이기 때문입니다.

Q _ 남들이 가보지 않은 길을 갈 때는 고달픔이라는 대가가 따르기 마련입니다. 성장 속에 필수적으로 따라온 성장통으로는 무엇이 있었을까요?

A _ 돌이켜보면 자처한 성장통이기도 한데, 대체 불가한 인력으로서의 역할입니다. 저는 PR 인력이 흔치 않을 때 실무를 했습니다. 그래서 많은 기회를 얻을 수 있어 즐거웠지만 개인적인 일과 겹쳤을 때의 중압감은 더 컸던 것 같아요.

1993년 대전엑스포 입찰 준비로 한창일 때 아버지가 암 수술을 하셨어요. 국가적 행사라 국내의 내로라하는 에이전시들은 다 참여했었죠. 7개 정도 들어왔던 것 같아요. 새벽까지 입찰 기획서를 쓰고 아버님을 뵈러 갔을 때는 생각이 많아지더군요.

예산도 때때로 좌절감을 안겨주는 대목이긴 했어요. 광고 대행사에 있다 보니 PR은 광고와 같이 입찰에 들어가는데 광고는 매체비가 있어서 기본 몇십억, 몇백억 단위예요. PR은 그에 미치지 못하는 경우가 많다 보니 생각이 많아졌죠. 예산이 적다고 기획서에 들이는 노력과 품이 줄어드는 건 아니거든요.

하지만 성장통을 견뎌내면 성장하기 마련입니다. 힘들게 따낸 대전엑스포는 후에 제가 해외 홍보 전문가라는 커리어를 꽃피우는 씨앗이 되었죠. 대규모로 해외 언론들을 초청하는 팸투어 행사에 발을 들이게 됐어요. 그게 여수엑스포, 올림픽 같은 큰 이벤트를 맡게 되는 출발점이 되었습니다.

Q _ 마지막으로 한 편의 영화 리뷰처럼, PR 에이전시의 PR 전문가로서 주호 님의 커리어를 한 줄로 리뷰해주신다면 뭐라고 할 수 있을까요?

A _ '세상을 움직이는 힘'이라고 리뷰하고 싶습니다.

PART 4

홍보인의 실행력

홍보인의 상상은 현실이 된다, 행사 기획

〈월터의 상상은 현실이 된다〉라는 영화가 있습니다. 잡지사에서 16년째 근무 중인 월터가 폐간을 앞둔 〈라이프〉지의 마지막 호 표지 사진을 찾아오는 미션을 수행하며 겪는 모험을 담은 이야기죠. 극 중 월터는 이런 말을 합니다. "내 꿈은 특별한 사람이 돼서 특별한 일을 하는 것이었어."

여러분도 그런 꿈을 꾸지 않았나요? 에밀리가 자신의 인스타를 화려하게 꾸미는 일을 하는 것처럼 홍보 일을 통해 그런 반짝이는 순간의 주인공이 되는 상상 말이에요. 그것이 홍보 일을 시작하게 된 계기라면 반은 맞고 반은 틀립니다. 여러분의 상상이 특별한 순간을 만들어낼 수는 있지만, 여러분이 그 순간의 주인공이 될 수는 없거든요. 드라마 감독이 그 드라마에 출연하지 않는 것처럼요.

상상을 현실로 만들어내는 사람, 아니면 상상 속 주인공이 되는 사람. 어느 쪽이 더 매력적인가요? 성향에 따라 다르겠지만, 저는 상상을 현실로 만드는 쪽이 더 끌렸습니다. 극 중에 등장하지 않아도 극을 컨트롤하는 게 더 멋있었거든요.

홍보 일을 하다 보면 '행사'라는 이름으로 이런 특별한 순간을 타 직군에 비해 많이 접하게 됩니다. 초청 대상 또는 이용자에 따라서 행사의 이름은 '기자간담회'가 되기도 하고 '인플루언서 파티', 'KOL Summit'이 되기도 하죠. 목적어가 다를 뿐 모든 행사의 본질은 같습니다. '브랜드의 스토리를 어떻게 체험하게 할 것인가죠. 이 단 하나의 질문에 답하면서 행사가 기획되고 실행되며 운영됩니다. 즉, 우리가 만들어갈 행사란 초청 대상과 규모만 달라질 뿐 브랜드 메시지를 경험하게 만드는 브랜드의 '특별한 순간'인 셈이에요.

애석하게도 브랜드의 특별한 순간을 만들 기회는 다른 업무에 비해 흔치 않습니다. 행사라는 것 자체가 큰 예산이 들어가는 비정기적인 업무이기도 하고, 경험에 따른 운영의 묘가 발휘되는 업무 영역인지라 주니어들에게는 상대적으로 기회가 잘 주어지지 않습니다. 하지만 하늘은 스스로 돕는 자를 돕듯이 언젠가 우리가 만들 이 특별한 순간을 위해 무엇을 미리 연마할 수 있을지 고민해야 합니다. 기회는 준비된 사람에게 찾아오는 법이니까요.

본 만큼 기획하고 익힌 만큼 운영할 수 있다

언젠가 브랜드의 특별한 순간을 만드는 홍보 주체가 되고자 하는 꿈이 있다면, 칼퇴와 바쁜 주말을 권하고 싶습니다. 대학 생활을 할 때도 학교 밖에서만 얻을 수 있는 경험이 있었던 것처럼 홍보도 마찬가지입니다. 책상머리가 아닌 사무실 밖에서만 얻을 수 있는 것들이 있습니다. 바로 간접 경험이죠.

브랜드 팝업스토어에 갔나요? 즐기세요. 예쁜 것을 눈과 카메라에 담고 인증하세요. 하지만 미래의 행사 기획자라면 여기서 멈추면 안 됩니다. 행사 주관자의 입장이 되어 상황을 대입해 현장을 보는 겁니다. 그런 다음 끊임없는 나만의 질문 리스트를 만들어보세요.

'이 포토존은 예쁘긴 한데, 브랜딩이 없네. 일부러 그런 걸까?', 'AR 포토를 찍고 이메일로 보내주네? 인스타로 바로 올리는 QR이 있으면 좋았겠다', '사람들이 줄을 어디로 서야 할지 모르네. 바닥에 스티커라도 붙여놓으면 좋지 않을까?', '시그니처 포토스팟은 어디지? 예쁜 게 많긴 한데 메인컷을 뭘로 해야 할지 모르겠네' 등 혼자서 '감 놔라 배 놔라' 해보는 거죠. 이런 식의 자문자답은 책상에 앉아 포털에 백날 검색한다고 얻을 수 있는 지식이 아닙니다. 체득의 영역이니까요.

비록 지금 당장 행사 기획의 기회가 없더라도 이런 경험은 우리를 성장하게 만듭니다. 사람은 아는 만큼 보이고 경험한 만큼 행동하기 때문이에요.

행사 기획의 3요소: 메시지, 초청 대상, 프로그램 구성

열심히 발품을 팔아 눈을 키우면 행사를 주최할 기회는 반드시 옵니다. 어떤 사람에게 일을 맡기면 잘 진행될 수 있을지 사수도, 회사도 알거든요. 그렇게 여러분은 행사 기획 담당자가 됩니다. 그땐 무엇부터 해야 할까요? 행사 참석자로서 쌓은 경험이 분명 도움은 되겠지만 초보 홍보인으로서 행사를 기획할 때 우선순위를 세우는 건 또 다른 문제입니다.

일단 우리가 결정해야 할 기본 3요소가 있습니다. 바로 메시지, 초청 대상, 프로그램 구성입니다.

• 메시지: 무슨 메시지를 전달할 것인가?

- 초청 대상: 이 메시지를 가장 잘 확산시켜줄 메신저는 누구인가?
- 프로그램 구성: 초청자들에게 어떤 프로그램을 제공함으로써 이 메시지를 전달할 것인가?

이 3가지 질문에 대한 대답이 나왔다면, 행사 기획의 절반은 끝난 셈입니다. 3가지 요소에 입각해 기획안을 구성하고 추진하면 되니까요. 다만 초청 대상에 따라서 행사의 이름과 진행 방식이 달라집니다. 단순히 미디어를 초청하면 기자간담회, 인플루언서를 초청하면 인플루언서 파티 같지만 각 행사에 따라 구성할 수 있는 프로그램과 준수해야 하는 법규가 다르기 때문이죠.

시작하는 홍보인이 이런 차이점을 일일이 파악하고 기획하기란 쉽지 않습니다. 앞서 말한 것처럼 행사에 참여해본 경험은 분명 도움이 되지만, 기획과 운영하는 데 직접적인 도움을 주지는 못하니까요. 그래서 각 행사별로 시작하는 홍보 담당자가 고려해야 할 사항과 업무 프로세스의 진행 방식에 대해 준비해봤습니다. 클레임으로 뒤범벅되고 시행착오가 가득한 저의 피땀 어린 업무 노하우가 여러분의 멋진 행사 주최자 데뷔에 도움이 되기를 바라봅니다.

까다로운 손님이 참석한
각본 없는 라이브 쇼, 기자간담회

저의 첫 기자간담회는 입사 후 딱 1년이 지난 시점이었습니다. 그마저도 메르스라는 역병이 한반도를 휩쓴 즈음이라, 첫 기자간담회부터 한 차례 취소와 재개를 공지하는 웃지 못할 일을 겪었죠. 그때 저에게는 7년 차 사수가 있었습니다. 회사에서도 팀에서도 FM이라 불리는 그녀 덕분에 행사의 첫 단추를 잘 꿰맬 수 있었죠. 그래도 여느 행사가 그렇듯 해프닝이 있었으니… 바로 기자간담회 당일 저의 지각 사건이었습니다.

문제의 발단은 행사 전날 새벽 4시까지 이어진 보도자료 수정이었는지, 집에서 씻고만 나오려고 했는데 잠깐 침대에 엉덩이를 붙였기 때문인지 아직도 모르겠습니다. 그저 처음 준비하는 행사라서, 아직은 낯선 보도자료라서, 너무나 명확한 사수의 디렉션을 빠르게 반영하지 못해 일주일 내내 새벽 야근에 허덕였던 탓에 침대가 저를 삼켜버렸던 것 같아요. 아직까지 생생히 기억나는 순간은 이게 꿈인가 하며 휴대전화 시계를 보니 7시였고 때마침 선배에게 전화가 걸려왔다는 것입니다.

"혹시 지금 일어났어요?"

그때 머릿속에서 파노라마가 지나가는 경험을 했습니다. '아, 난 이제 끝났구나.' 선배의 말에 솔직히 대답했고 선배는 그럼 회사와 가까울 테니 들러서 추가적인 짐을 챙겨오라고 말해주었습니다. 우당탕탕 뛰어나가 짐을 챙겨 가까스로 리허설 전에 행사장에 도착했던 그날의 기억은 약 10년이 지난 지금도 등골을 서늘하게 합니다. 여러분은 부디 저처럼 첫 행사를 우당탕탕 치르지 않았으면 좋겠습니다. 차분하고 착실하게 전체 행사를 그리며 준비할 수 있는 홍보인이 되기를 바랍니다.

기자간담회는 생각보다 기업 및 브랜드에서 자주 개최하는 행사 중 하나입니다. 큰 기업은 1년에 한 번씩 정기적으로 열기도 하고, 스타트업이나 해외 기업은 새로운 제품 또는 서비스를 론칭할 때 개최합니다. 하지만 행사를 실제 준비하는 입장에서 기자간담회 요청은 언제나 갑작스럽고 시간이 부족하죠. 그래서 준비했습니다. 어느 날 갑자기 열어야 하는 기자간담회 착수. 이렇게만 하면 기본은 할 수 있을 겁니다.

STEP 1. 장소 섭외

너무 당연한 첫 단계죠. 하지만 초청 대상이 언론이라는 걸 고려하면 조금 다를 수 있습니다. 우리나라 매체로 한정되는 특징일 수 있지만, 매체는 기자간담회에 와서 취재를 하고 기사를 송고해야 합니다. 뉴스에서 보이는 기자간담회를 떠올려보세요. 기자들이 항상 폭풍 타이핑을 하며 질문하는 모습이 떠오르지 않나요? 즉, 이런 활동이 용이하도록 제반 시설이 갖춰진 장소를 섭외하면 좋습니다.

흔히 '사대문 안'이라고 말하는 광화문, 명동 일대는 기자간담회로 가장 선호되는 위치입니다. 산업에 따라 다르긴 하지만 기자들의 출입처가 중구에 몰려 있어서 접근성이 좋기 때문이에요. 요즘은 기자실이 없어지고 재택으로 일을 처리하는 기자들도 많아서 위치의 중요도가 예전 같지 않지만 그래도 사옥이 강남에 있지 않는 한 일차적으로는 명동, 종로, 광화문 일대를 행사 장소로 고려하는 게 일반적입니다.

구체적으로 기자간담회를 가장 많이 하는 시설은 '호텔'입니다.

사실 호텔에서 기자간담회를 한다면 담당자가 체크해야 할 많은 항목들이 수월하게 해결됩니다. 주차, 와이파이, 콘센트, 마이크, 빔프로젝트, 테이블 등 자질구레하지만 구비되어 있지 않으면 사단이 나는 것들이 호텔에는 잘 갖춰져 있으니까요. 너무 당연한 것들이지만, 호텔 연회장이 아닌 곳에서 준비를 하려면 이 모든 부분들을 챙기는 것도 하나하나 일입니다. 그래서 흔히들 호텔을 1순위 기자간담회 장소로 고려합니다.

다만, 호텔은 개성 있어 보이진 않는다는 단점이 있습니다. 브랜드마다 색깔이 다르고 전하고자 하는 메시지가 다른데, 호텔은 편리하지만 획일화된 공간이니 만큼 새로운 행사를 기획하는 데는 분명히 한계가 있죠. 그래서 요즘은 극장, 카페, 팝업스토어 등 기자간담회 장소에서 새로운 시도를 해가며 행사를 확장해가고 있습니다.

STEP 2. 미디어 초청

행사 장소 대관을 확정했다면, 이제 초청을 시작해야겠죠? 기업과 산업에 따라 행사는 달라지지만 일반적으로 미디어 초청은 초청장을 보내고 선착순으로 신청을 받는 식으로 진행됩니다. 미디어 초청장을 작성하고 초청장 내에 기자간담회 참석 신청 링크를 삽입합니다. 미디어 리스트에 있는 기자 모두에게 발송을 하면, 링크를 통해 참석 의사를 밝혀줄 겁니다. 링크를 기준으로 신청 매체를 접수하고 정원을 기준으로 마감하면 됩니다.

손님을 초청하는 건 항상 그 절차와 과정이 쉽지 않지만 미디어 초청은 특히 더 그렇습니다. 잘해야 본전이랄까요. 흔히 '김영란법'이라 일컫는 부정청탁금지법이 발효되면서 미디어 초청이 까다로워졌기 때문입니다. 보통 기자간담회에서는 식사와 답례품이 제공되는데 이것이 기사를 위한 부정청탁으로 여겨질 소지가 있다고요. 또, 이로 인해 초청 과정의 공평성과 기준에 대해 미디어들과 유관 기관의 경계가 높아졌어요.

'모두에게 공평한 취재 기회를 제공했는가?'는 초청 과정에서 발생할 수 있는 미디어의 주요 클레임입니다. 이 때문에 많은 기업들이 앞서 설명한 방식으로 선착순 초청을 진행하거나 자체 기준을 세워서 초청하고 있는 것이죠. 이 자체 기준도 다른 모든 미디어도 납득할 만한 기준이어야 해서 정하기 쉽지 않습니다. 흔히들 세우는 기준점은 '커버리지'입니다. 특정 기간 동안 당사 브랜드에 대한 단신보도나 기획보도를 많이 소화해준 매체를 우선 초청한다는 뜻이죠. 이건 네트워크 관리 차원이라기보다 당사에 대한 이해도가 상대적으로 높다는 대전제가 있는 만큼 미디어에서 납득할 만한 접근이라 할 수 있습니다.

하지만 실무자로서는 선착순 초청을 추천합니다. 일하고 욕 먹는 건 매우 짜증 나는 상황이기도 하고 행사에 군이 리스크 요인을 가져갈 필요는 없으니까요. 우리가 할 수 있는 최선은 타깃 매체에 적극적인 RSVP(응답 요청)를 하는 겁니다. 우리가 할 수 있는 일을 잘 해내는 것만으로도 좋은 결과를 얻을 수 있을 거예요.

STEP 3. 외주업체 세팅

기자간담회의 게스트인 미디어 초청을 개시했다면, 이제 행사의 스태프를 세팅할 차례입니다. 공식 행사는 각 분야의 전문 인력들이 제 몫을 해내야 차질 없이 운영됩니다. 일종의 생방송 진행과 비슷하게 각자의 위치에서 전문적인 역할을 수행해야 하는 것이죠. 이런 운영 세팅은 사실상 행사를 경험해봐야 눈에 들어옵니다. 미리보기를 하자면 행사 진행 MC, 음향 오퍼레이터, 디자인 제작물을 설치해줄 기술자, 인터넷 및 스크린 기기 관리자, 필요시 통역사도 기본적으로 챙겨야 합니다. 생각보다 많죠. 이 외주 인력들과 끊임없이 소통하며 조율하는 과정 또한 쉽지 않습니다. 그렇기에 좋은 파트너를 만나는 것도 행사를 잘 마무리하는데 필요한 큰 행운이죠.

STEP 4. 디자인 제작물 발주 및 마감

준비해야 할 행사 자료 및 제작물 중 보통 가장 먼저 마감해야 하는 것은 '디자인 제작물'입니다. 디자인 제작물이라 함은 백월 Back wall, 포토월, 배너 등을 이야기해요.

이 제작물들은 재질과 시공 방식(목공/트러스)에 따라 다르지만 보통 2주 전 발주를 넣어야 합니다. 가장 중요한 건 사이즈와 설치 시간이라서 보통 제작물 발주 전 대관 장소 측과 필수적으로 사전조율을 해야 합니다.

참석자들이 인증샷을 남길 때 배경이 되는 백월

STEP 5. 발표자료 확인

혹시 '내부 협조가 제일 힘들다'는 말 들어보신 적 있나요? 아이러니하게도 기자간담회 준비 중 가장 진행이 더디고 힘든 부분은 연사의 발표자료입니다. 연사의 발표 앞뒤로 이어지기 마련인 인사말이나 참석자들의 Q&A는 사전에 받거나 예상 질문과 답변을 준비할 수 있습니다. 하지만 기자간담회의 가장 핵심인 연사의 발표 내용은 홍보 담당자가 만들 수 없습니다. 필요한 경우 디자인 정도를 협업해 보완할 수 있지만, 기자간담회에서 새롭게 공개하기 마련인 핵심 내용은 메인 발표자, 즉 클라이언트가 준비합니다. 그래서 보통 리허설 때까지 끊임없이 수정본이 생기곤 하죠. 우리가 사전에 공유받은 발표자료에서 체크해야 할 건 크게 3가지 정도입니다.

우선 메시지에 오류 혹은 문제의 소지가 있는지부터 봐야겠죠. 타사 또는 산업 데이터 인용에 오류가 있는지 출처 확인과 전반적인 검증을 진행합니다. 특히, 오탈자 및 브랜드명 오기재 부분은 없는지 살펴봅니다. 사소하지만 큰 스크린으로 보면 오탈자가 너무 잘 보여서 망신스럽기 짝이 없답니다.

자료가 행사 현장에서 잘 작동하는지 여부도 사전에 체크해야 겠죠. 현장에 있다 보면 슬라이드 설정, 폰트 깨짐, 영상 버퍼링 등 발표자료와 관련해 꽤나 다양한 이슈들이 발생하곤 합니다. 그러니 사전에 문서 자체의 문제, 그리고 대관 장소에서 매끄럽게 구현되는지 확인을 해야 합니다.

해당 자료가 외부에 공유 가능한지도 확인해야 합니다. 보통 발표자료는 대외적으로 오픈 가능한 소스를 활용하기 때문에 자료를 공개해도 상관없습니다. 하지만 2차 저작권이라든가 민감한 이슈가 없는지 발표 담당자와 사전에 소통하면 더 좋겠죠.

STEP 6. 언론자료 도출

언론을 초청하는 행사이니, 당연히 언론에게 줄 자료를 준비해야 합니다. 앞서 언급한 보도자료, 보도사진, 프레스킷에 더해 발표자료 요약본을 챙기면 됩니다. 보도자료는 기자간담회 내용을 담아 작성해야겠죠. 보통 행사의 주제를 시작으로 개최 배경, 주요 스피치 포인트를 중심으로 작성합니다.

보도사진은 보통 기자간담회 연사의 스피치 모습을 담은 현장감 있는 앵글의 사진으로 준비합니다. 리허설 때 미리 촬영하기도 하고 현장에서 촬영 직후 고르기도 합니다.

프레스킷은 기업의 자기소개서라고 했죠? 당연히 최근 이슈를 업데이트한 버전이어야 합니다. 특히, 행사를 열게 된 이슈에 대한 업데이트가 있어야겠죠. 서비스나 제품 론칭이라면 해당 론칭 아이템에 대한 상세한 설명이 들어가 있어야 합니다.

사전에 발표자료 요약본을 만들어 기자에게 주는 경우도 있습니다. 어려운 개념이 포함된 제약, 기술, 자동차 등의 영역은 기자들의 이해도를 높이고 후속보도를 유도하고자 추가 자료를 전달하기도 합니다. 반드시 PDF로 보내야 한다는 걸 잊지 마세요. 혹시 모를 왜곡 또는 데이터의 변형을 미연에 방지하고 싶다면요.

STEP 7. D-3, 행사 운영 R&R 세팅

모든 준비를 마쳤나요? 이제 대망의 행사 전날입니다. 행사 전날은 예상할 수 있듯이 눈코 뜰 새 없이 바쁩니다. 우선, STEP 6까지 모든 프로세스의 결과물을 최종 체크해야 합니다. 단적으로 어떤 결과물이 나와야 하는지 간단히 정리해볼게요.

- 행사 프로그램
- 참석 예정 미디어 리스트
- 모든 스태프 컨택 리스트
- 디자인 제작물 완성본
- 보도자료 최종안

- 발표자료 최종안

- MC 스크립트

- 미디어 예상 질문 리스트

- 프레스킷 최종안

어휴, 많기도 하네요. 이 모든 자료들이 착착 시간에 맞춰 진행되는 경우는 단언하건대, 없습니다. 그러니 끊임없이 체크하면서 상황을 업데이트 받아야 하지요. 동시에 행사 당일을 위해 현장 운영 R&R, 즉 행사 당일에 누가 어디에서 어떤 일을 담당할지 설계하고 정해야 합니다. 배정 인력과 행사 규모에 따라 다르겠지만 기본적으로 R&R은 5가지 영역으로 나누어 짭니다. 한 사람이 많은 일을 해내면 좋을 것 같지만 행사는 그렇지 않습니다. 적절한 위임과 행사에 대한 사전 이해를 통해 각 인력이 전담으로 자기 영역을 통솔할 때 가장 효율적으로 진행할 수 있기 때문입니다.

가장 기본적으로 접수 데스크에 상주 인력이 필요합니다. 미디어 접수와 행사장 관련 민원을 응대(주차등록, 와이파이, 식순, 오는 방법 등)하고, 늦는 매체 또는 당일 노쇼 매체를 체크해야 합니다. 참석 미디어를 대상으로 미디어 기프트를 증정하는 일까지도 이 인력이 진행합니다.

행사에서 미디어만큼이나 중요한 인물이 또 한 명 있죠. 바로 연사입니다. 연사를 관리할 인력도 있어야 합니다. 연사의 아웃핏 등을 체크하고, 큐사인 및 동선을 확인해야 하죠.

미디어와 연사가 서로 불편하지 않도록 음향과 디스플레이를 운영하는 데도 신경 써야 합니다. 마이크 음향 및 영상 오디오 체크, 발표자료 송출을 체크하는데요. 행사 당일에는 진행자의 큐카드를 기준으로 효과음 및 BGM 전환 큐사인을 주고, 프로그램 구성에 따라 화면을 전환하는 일도 합니다.

MC, 통역사, 디자인 제작물 설치는 주로 외주로 진행하는 경우가 많습니다. 이들을 통솔하고 관리할 우리 인력도 필요하죠. 디자인 제작물 시공이 잘 되었는지, 통역사의 도착 시간을 체크하고 순차적으로 통역 리허설을 이끕니다. 마찬가지로 MC도 리허설할 수 있게 돕고, 필요하다면 현장에서 대본을 수정하는 등 원활한 소통을 이끌어야 하죠.

이 모든 것을 진행하는 총괄 관리자도 있어야 합니다. 사전에 준비한 타임라인을 기준으로 각 영역의 진행 상황을 점검하고 전체적인 리허설을 총괄합니다. 전반적으로 행사를 운영하면서 돌발상황에 대처해야 하고요.

행사는 기본적으로 라이브 쇼를 준비하는 것과 다르지 않아서 준비할 것도, 챙겨야 할 것도 많습니다. 하지만 그만큼 홍보인으로서 성장하는 데 큰 도움이 되는 업무 중 하나죠. 기획, 자료 준비 그리고 실행까지 세 박자를 모두 갖추게 되는 업무 경험이니까요. 어디 그뿐인가요, 엄청난 성취감 또한 느끼시리라 장담합니다.

200퍼센트의 경험을 선사하다,
인플루언서 초청 행사

'1인 미디어'의 시대, 이제는 놀랍지도 않은 말이죠. 미디어를 어떻게 활용할지 고민하는 게 업인만큼 이 명제는 홍보인의 업무 범위를 확장시키는 데 확실한 역할을 했습니다.

모든 미디어의 속성이 그렇듯, 1인 미디어 시대에 돌입하며 절대적인 영향력을 행사하는 '톱티어'가 등장하기 시작했습니다. 친숙한 단어로 '인플루언서'라고 말할 수 있고요. 인플루언서 채널은 사실보다는 서사를, 정보보다는 경험을 제공하는 것을 원동력으로 성장했다는 데 주목해야 합니다. 홍보인이 인플루언서와의 협업을 위해 집중해야 하는 포인트가 바로 이 '경험'과 '서사'이니까요. 기존 언론의 역할이 정확한 사실과 정보의 전달이었던 것과 달리 인플루언서는 사람들에게 유쾌한 이야기꾼으로, '경험의 매개체'로서의 역할에 충실합니다. 홍보인이 인플루언서를 통해 전달할 수 있는 브랜드 가치란 즉, '경험'인 거죠.

많은 브랜드가 팝업스토어, 전시회, 클래스 등 다양한 '경험 콘텐츠'를 만듭니다. 일방향적으로 제작해 살포하는 광고 콘텐츠보다 훨씬 자연스럽게 경험의 장을 마련하는 것이 정성·정량적으로 더 나은 결과로 이어지기 때문이에요. 브랜드의 이런 니즈와 인플루언서 미디어 환경이 만나 탄생한 업무가 '인플루언서 초청 행사'입니다. 기존의 불특정 다수를 대상으로 열었던 경험의 장을 인플루언서라는 메신저에 집중해 기획·운영하는 방식이죠. 스스로의 경험을 공유하고 이에 대한 대중들의 지지와 공감으로 성장한 사람들이니, 잘만 협업하면 브랜드 메시지를 진정성 있게 효과적으로 전달할 수 있습니다.

인플루언서 초청 행사는 기자간담회와 비슷하지만 조금 다릅니다. 기자간담회가 언드 콘텐츠Earned Contents라면, 인플루언서 초청 행사는 브랜디드 콘텐츠 협업처럼 페이드 콘텐츠 집행의 일환이죠. 즉, 어느 정도 컨트롤이 가능한 행사라는 뜻입니다.

하지만 우리가 브랜디드 콘텐츠 협업을 추진할 때 느낀 것처럼 비용을 지불한다고 마음대로 다 할 수는 없습니다. 협의와 조율이 필요하죠. 또 비용을 많이 쓴다고 만족스러운 콘텐츠가 뚝딱 나오는 것도 아닙니다. 브랜드의 입장에서 원하는 방향성을 명확히 세우고 콘텐츠를 주도해야 양쪽이 만족스러운 결과물을 낼 수 있죠.

인플루언서 초청 행사는 갈수록 그 빈도와 중요도가 높아지고 있습니다. 이제 기자간담회보다 더 자주 하게 될 수도 있는 인플루언서 초청 행사를 어디서, 어떻게 시작해야 할지 살펴볼까요?

STEP 1. 행사장 섭외

행사장 섭외는 행사의 종류와 성격에 따라 달라지겠지만 보통 호텔에서 진행하지는 않습니다. 기자간담회와 정반대죠. 호텔의 편리함이라는 장점보다 획일화된 공간에서 오는 체험 구성의 한계가 더 크기 때문입니다. 보통의 인플루언서 행사는 브랜드 설치물을 비롯해 브랜딩 요소를 구현할 수 있는 곳을 1순위로 찾습니다. 성수에 즐비한 팝업스토어를 전문으로 하는 대관공간이나 핫한 카페 등이 일반적이죠. 인플루언서는 대부분 대중교통을 이용하고, 핫플레이스 방문에 대한 니즈 그리고 '새로운 장소'를 먼저 소개하고자 하는 니즈가 크니 주차 가능 여부보다는 지하철역 기준으로 접근 가능한지 여부가 더 중요합니다.

그래서 인플루언서 행사는 기자간담회 대비 행사장 섭외의 폭이 더 넓습니다. 아니, 더 쉽지 않다고 하는 게 맞겠죠. 구성하려는 프로그램, 예를 들어 전시인지, 클래스인지, 강연인지 등 구체적인 기획이 마무리된 후에 행사장 섭외가 진행되어야 합니다.

STEP 2. 행사 프로그램 구성 및 포토 포인트 설정

물론, 행사의 성격 및 주요 프로그램에 따라 기획 구성이 달라집니다. 인플루언서들이 체험할 콘텐츠가 달라질 테니까요. 하지만 어떤 프로그램이든 꼭 챙겨야 할 공통적인 사안은 바로 '포토 포인트'입니다. 쉽게 말해 '어떤 이미지가 찍히게 할 것이냐?'죠. 진행하는 행사 종류별로 고려해야 하는 포토 포인트를 살펴보면 다음과 같습니다.

첫 번째로 이야기할 행사 종류는 '브랜드 클래스'입니다. 인플루언서가 연사의 강연을 듣는 형식입니다. 주로 브랜드 아이덴티티와 관련된 수업을 듣는데요, 이때 초청받은 인플루언서는 당연히 강연 주제와 연관이 있어야 합니다. 그리고 그 연관성을 잘 보여줄 수 있도록 강연자와의 포토 타임 및 포토 스폿, 인플루언서 착석 세팅, 브랜디드 포토존 이 3가지를 꼭 고려해야 합니다.

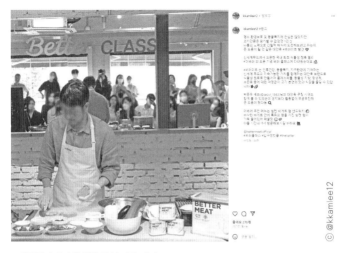

© @kkamlee12

인플루언서가 촬영한 강연 사진 예시

인플루언서들은 강연이 끝나고 보통 강연자와 셀카 또는 함께 사진을 촬영하고자 합니다. 그래서 우리에겐 어디서, 어떤 앵글로 촬영을 할지 스폿을 미리 정해놓는 게 중요하죠. 이왕이면 브랜드 로고가 박힌 곳으로요.

착석 장소는 인플루언서의 입장에서 행사를 경험할 때 콘텐츠 흐름상 가장 먼저 찍게 되는 이미지입니다. 책상 위에 무엇이 있는지, 기프트는 무엇인지 등을 예로 들 수 있겠네요. 우리가 고급 레스토랑에 가면 음식이 나오기 전 테이블 세팅을 먼저 찍는 느낌이랄까요.

그다음으로 인플루언서의 피드에서 가장 흔히 볼 수 있는 것이 바로 브랜디드 포토존에서 찍은 사진입니다. 기본적으로 백월 등의 형태로 꾸며진 브랜디드 포토존으로, 참여자들이 원하는 앵글로 사진 촬영을 하는 데 문제가 없는지 체크하면 됩니다.

두 번째 행사 종류는 '브랜드 전시'로, 엔데믹 후 그 어느 때보다도 활발한 행사 중 하나입니다. 넘쳐나는 전시 피드 속에서 인플루언서 팔로워들의 눈에 띄기 위해 작은 부분 하나라도 '찍을 만하게' 눈길을 끄는 것이 중요합니다. 전시장에 가면 기본적으로 '티켓'을 받게 되죠. 요즘은 e-티켓이 활성화되어서 굳이 종이 티켓을 발급할 의무가 없지만, 그럼에도 불구하고 티켓을 주는 이유가 있습니다. 바로, 인증템의 역할을 하기 때문이에요. 메인컷은 되지 못해도 적어도 스토리 등 단컷 이미지로 소비될 수 있다면, 티켓은 그 역할을 다한 것이지요.

미러Mirror 포토존도 흔하지만 없어선 안 될 포토 스폿입니다. 인플루언서는 보통 행사에 혼자 참석합니다. 물론 동석을 요구하는 사람도 있지만 보통 비즈니스의 일환으로 진행되는 행사이기에 특별한 경우가 아니고서는 일반적으로 혼자 오곤 하죠. 그래서 미러 포토존이 필요합니다. 그날의 아웃핏을 보여주기도 쉽고

티켓 인증 사진 예시

행사의 분위기를 실시간으로 자신의 얼굴과 함께 보여주는 장치로써 유용하기 때문입니다.

전시 행사에서 마지막으로 도착하는 곳은 기프트숍입니다. 전시의 여운을 담아 자신의 문화생활을 기록할 인증템이 즐비한 곳이죠. 해당 브랜드 행사의 성격과 콘셉트를 한눈에 보여주는 아이템으로 구성된 이 공간은 인플루언서들이 자신의 취향을 한껏 보여줄 콘텐츠를 촬영할 수 있는 공간이기도 합니다. 여기서 한 걸음 더 나간다면, 인플루언서 대상 특별 기프트를 제공하는 것도 콘텐츠를 풍부하게 만드는 하나의 방법입니다. CEO의 자필 레터, 인플루언서 한정 굿즈 등은 채널 구독자에게 어필할 수 있는 부가가치 인증템의 역할을 합니다. 인플루언서의 이니셜이 박힌 굿즈 등 개인용 굿즈 제작이 어렵다면, 개인화된 경험을 제공하는 것도 가능합니다.

STEP 3. 인플루언서 섭외

행사 주제, 위치, 시간이 정해졌다면 이제 행사의 게스트를 초청해야겠죠? 예상했겠지만, 인플루언서 섭외는 기자간담회와 조금 다릅니다. 가장 큰 차이는 '초청'이 아닌 '섭외'라는 겁니다. 쉽게 말해 비용을 주고 인플루언서의 브랜드 체험기를 산다는 이야

미러 포토 스폿의 예시

기프트숍 인증 사진 예시

기입니다. '돈'이 들어가는 것이다 보니 담당자로서 어느 정도 부담이 되는 부분이 있지요.

섭외에 앞서 고려해야 할 요인들로는 무엇이 있을까요? 크게 2가지입니다. 사실 이 2가지는 'and'여야 하지만 현실은 'or'로 진행되는 경우가 더 많습니다. 무슨 말이냐고요? 구체적으로 알아보죠.

먼저 파급력입니다. 인플루언서는 팔로워 또는 구독자를 토대로 그 영향력influence이 수치로 보이는 매체죠. 그렇기에 홍보 담당자 입장에서 이 수치는 행사에 초청하는 1차적인 기준이 되곤 합니다. 숫자는 명쾌한 기준점이 되고 언쟁의 여지를 없애는 만큼 우리의 일을 줄여주니까요. 나중에 결과 보고하기에도 좋은 게 사실이고요. 하지만 숫자로 증명되는 파급력이 전부는 아닙니다. 홍보하는 브랜드의 메시지를 제대로 전달할 수 있는지 그리고 인플루언서의 구독자가 우리 브랜드의 타깃과 맞는지를 고려해야 하죠. 여러 명의 국민 MC가 있지만, 각 국민 MC의 팬덤과 지향점이 다른 것과 같은 이치입니다.

이럴 때 고려하는 개념이 '브랜드 핏fit'입니다. 이 인플루언서가 우리 브랜드를 체험하고 소개하는 것이 우리 브랜드에 도움이 되는가를 살펴보면 됩니다. 즉, 영향력 있는 인플루언서 중 우리 브랜드와 핏이 맞는 인플루언서를 교집합으로 추려내는 작업이 필요한 거죠. 그러나 이 작업이 쉽지는 않습니다. 인플루언서의 파급력은 숫자로 보여지는 반면, 브랜드와 잘 맞는지에 대한 판단은 주관적인 영역 즉, '느낌적인 느낌'일 때가 많기 때문인데요. 그래서 브랜드 핏을 가늠할 때 적용할 수 있는 기준을 살짝 공유해볼까 합니다.

- 우리 브랜드를 자발적으로 다룬 적이 있는가?
  → Yes → 채택
- 우리 브랜드에 대한 부정적인 콘텐츠를 최근 1년 내 작성한 적이 있는가?
  → Yes → 탈락
- 타 산업군에 속하는 우리 브랜드의 워너비 브랜드를 다루거나 행사에 초대받은 경험이 있는가?
  → Yes → 채택

자, 이쯤 되면 우선순위에 따른 인플루언서 초청 리스트가 좀 정리되었나요? 사실 인플루언서 초청은 각 인플루언서마다 비용을 협의해야 해서 시간과 노력이 많이 드는 작업입니다. 부디 초청 리스트를 작성하는 업무라도 시간을 절약할 수 있기 바라며, 다음 단계로 넘어가 볼까요?

STEP 4. 콘텐츠 가이드 배포

임팩트도 있고 담당하는 브랜드와 맞는 인플루언서를 초청했나요? 정말 수고 많았습니다. 이제 공들여 섭외한 인플루언서가 우리 행사를 '200퍼센트' 경험하고 우리가 원하는 메시지를 콘텐츠에 잘 녹일 수 있도록 움직일 단계입니다. 일명, '콘텐츠 가이드' 라는 것을 만들고 배포할 시간이죠. 콘텐츠 가이드는 인플루언서가 우리 브랜드 그리고 행사에 대한 이해도를 높이고 가급적 원하는 콘텐츠를 만들기 위한 일종의 안내문입니다.

우리가 섭외하고 비용을 지불하지만 인플루언서의 콘텐츠는 생각보다 컨트롤하기가 쉽지 않습니다. 팩트보다는 각자의 경험 그리고 감정에 기반한 콘텐츠를 각 채널의 톤앤매너에 맞게 생산하기 때문이죠. 그래서 행사에 오기 전 미리 전달하는 것이 콘텐츠 가이드라인입니다. 인플루언서가 '무엇을' 중점적으로 경험하고 다뤘으면 하는지를 정리하고 이에 대해 서면으로 사전 약속을 하는 거죠.

일반적으로 콘텐츠 가이드라인에 들어가는 항목들은 행사 장

○○ 기업 △△ 오픈 기념
행사 초청 인플루언서 가이드

---

1. 진행 계획

 1) 브랜드명 :

 2) 브랜드 행사 개요 :

 3) 인플루언서 방문일 :

 4) 방문 장소 :

 5) 모집 인원 :

 6) 행사 스케줄

   ○○:○○ ~ ○○:○○ (행사 내용 : ○○○○○)

   ○○:○○ ~ ○○:○○ (행사 내용 : ○○○○○)

   ○○:○○ ~ ○○:○○ (행사 내용 : ○○○○○)

 7) 포스팅(행사 후기) 업로드 기한

2. 포스팅 개요

 √ 리뷰 콘셉트 :

 √ 내용 :

 √ 이미지 5장 이상 등록 필수, 필수 내용 및 가이드라인 잘 지킬 것

 1) 필수 이미지

   •

   •

2) 필수 이미지

- •
- •
- •

3) 필수 내용(중요)

- •
- •
- •

4) 필수 해시태그

✓ 인스타그램(#광고 外 5개)

필수 키워드 :

선택 키워드 :

✓ 네이버 블로그(#광고 外 5개)

필수 키워드 :

선택 키워드 :

5) 공식 사이트 태그 및 링크

인스타그램

→ 인스타그램 계정(_____) 태그

네이버 블로그

→ 포스팅 하단에 인스타그램 계정 및 공식 사이트 링크 삽입

인스타그램 계정 :

공식 사이트 :

콘텐츠 가이드라인의 예시

소와 방문 일자, 필수 키워드, 사진 개수 또는 영상의 최소 길이, 콘텐츠 기한, 성과 리포트 공유 일정 정도입니다. 다음의 샘플을 보시면 어떤 내용들이 들어가는지 더 명확히 알 수 있습니다.

STEP 5. 현장 운영

대망의 행사 당일이 되었습니다! 행사 당일 해야 할 일은 무엇일까요? 외주업체 협업 정도에 따라 당일 홍보 담당자의 업무 영역이 달라지겠지만, 현장 운영에서 가장 중점이 되는 부분은 '인플루언서 팔로우업'입니다. 쉽게 말하면 인플루언서의 참석 및 행사 참여에 관한 모든 행위를 관장하는 거예요.

인플루언서가 약속한 시간에 맞춰 왔는지부터 메인 콘텐츠를 잘 찍었는지, 기프트는 잘 챙겨 갔는지까지 인플루언서의 입장부터 퇴장까지 그들의 일거수일투족을 챙기며 우리 브랜드를 200퍼센트 느낄 수 있도록 최선을 다합니다. 행사장을 총괄하며 진두지휘하는 감독보다는 한 걸음 뒤에서 인플루언서의 뒤를 따르는 수행원이 되어야 합니다. 사진 촬영을 도와주고, 동선을 안내하고, 행사를 소개하면서요. 200퍼센트를 느껴야 100퍼센트가 기억에 남고, 100퍼센트가 기억이 나야 50퍼센트가 콘텐츠를 통해 전달이 될 테니까요.

행사도 처음, 인플루언서 응대도 처음인 우리가 현장에서 우당탕탕 하지 않으려면 무엇이 필요할까요? 바로 체크리스트입니다. 밀려드는 인플루언서들 속에서 당황하지 않고 홍보 담당자의 역할을 초보 티 내지 않고 수행할 수 있도록 아래 체크리스트에 들어갈 항목들을 공유합니다.

- 채널명, 팔로워 수, 본명, 휴대폰 연락처
- 참석 시각, 참석 코스, 동석자 여부
- 주차 여부
- 촬영 지원
- 기프트 제공

STEP 6. 모니터링

드디어 행사가 끝이 났나요? 외주업체들과 행사장을 정리하며 집에서 나 자신에게 줄 '맥주 한 잔'을 상으로 생각하고 있었나요? 안타깝게도 우리의 일은 이제 시작입니다. 행사가 끝난 오늘과 내일 꼭 챙겨야 할 것이 있다고 하는 게 맞겠네요. 우리의 성과는 아무도 챙겨주지 않으니 스스로 챙기는 수밖에요. SNS의 휘발성 때문에 너무 늦지 않게 챙겨야 합니다.

분명 초청 단계에서 인플루언서들이 게재해야 하는 콘텐츠의 수량과 키워드를 계약사항에 기재합니다. 다만, 대다수의 인플루언서가 자신들의 일상을 공유하고 소통하면서 자신의 인게이지 수치를 올리곤 하죠. 다시 말해 행사장 현장에서의 일상을 실시간 '스토리' 콘텐츠로 올리는 경우입니다. 이런 식의 콘텐츠는 사전에 협의한 내용이 아니기 때문에 게재보고를 받을 수 없습니다. 하지만 흘려보내기는 아쉬운 노출이니 보통 초청 행사 당일 그리고 다음 날까지는 각 초청 인플루언서의 '스토리'를 별도 모니터링하는 걸 추천합니다.

　　이 6단계를 다 거치고 나서도 진행해야 할 업무들이 있습니다. 콘텐츠 게재 독촉부터 행사 결과 보고, 성과 측정, 비용 처리 등 수반되는 업무들이 가득합니다. 하지만 행사를 기획·운영하는 홍보 담당자의 입장에서 우선적으로 고려해야 할 업무는 이 정도입니다. 이 6가지만 잘 챙겨도 어디 가서 행사 진행 처음 해보는 홍보 담당자 티는 나지 않을 거예요. 더 나은 결과는 당연히 따라올 테고요.

플랜 B에는 끝이 없다,
그럼에도 불구하고

"RSVP 하고 있어요?"

행사장에서 가장 애타게 들리는 말입니다. 행사 시작 시간이 임박했는데, 기자 또는 인플루언서 등 초청한 사람이 도착하지 않은 거죠. 실제 이 질문이 절규에 가깝게 울려 퍼진 행사장이 있었습니다.

한 외국계 초콜릿 회사의 국내 론칭 기자간담회 자리에서 였습니다. 사실 이 브랜드는 3개월 전 이미 국내 시장에 진출하면서 기자간담회를 했습니다. 이번에는 기존에 없던 새로운 종류의 초콜릿을 밸런타인데이에 맞추어 판매하는 이슈가 있었기에 공식 기자간담회를 준비하게 되었던 거고요.

기자간담회를 준비하는 단계부터 걱정이 되긴 했습니다. 3개월 만의 기자간담회라 기자들에게 뉴스 가치가 낮을 것 같았거든요. 하지만 고객사의 요청이니 가급적 많은 매체를 컨택하고 초청에 힘을 기울였습니다. 이 초콜릿이 개발된 의미에 대한 메시지를 만들었죠.

행사 전날까지 목이 쉬도록 RSVP를 했고 목표를 꽤 넘는 수의 매체가 참석 의사를 표시했습니다. 안도하는 마음으로 도착한 행사 당일. 참석 의사를 표시한 매체 수만큼 책상과 의자를 배치했습니다. 그런데 이게 웬걸요. 행사 시작 10분 전, 오기로 했던 매체의 절반이 노쇼였습니다. RSVP를 해보았지만 당일 취재 일정 변경으로 참석이 불가능하다고 하는 게 아니겠어요? KPI는 달성했지만 고객사를 만족시키기에는 충분하지 않은 결과였죠. 발을 동동 구르면서 일단 MC에게 행사 시작 큐 사인을 주었습니다. 불편한 마음을 안고 행사를 진행하는데 팀장님이 제게 다가와 말했습니다.

"Q&A 끝나고 고객사 연사들이랑 기자 테이블 라운딩 돕시다."

행사 중이라 일단 자초지종을 물어볼 여유는 없으니 Q&A가 끝나고 무대의 임원진들과 통역사를 인솔해 미디어 테이블로 이동했습니다. 참석한 기자들에게 일일이 인사를 건네자 기자들은 공식 Q&A에서 하지 않은 질문을 던졌고 고객사 연사들은 브랜드 이슈에 대해 조금 더 풍성한 설명을 전달할 수 있었습니다. 행사가 끝나고는 오히려 미디어 스킨십을 할 수 있어 좋았다는 고객사 평을 듣기까지 했죠.

행사가 끝나고 팀장님에게 어떻게 그런 묘수를 생각해냈냐고 물었습니다.

"뻔한 리스크니까, 대안을 생각해놔야죠."

원래는 테이블 세팅 자체를 덜 해놓으려고 했답니다. 하지만 테이블을 다른 사람이 챙기는 바람에 손쓸 수가 없어서 플랜 C를 적용한 거였습니다. 게다가 참석 기자들은 각자 다른 코멘트를 얻은 셈이라서 기사의 퀄리티가 이전 행사보다 높기까지 했습니다. 일종의 전화위복이었던 거죠. 가늠할 수 없는 그의 전략에 혀를 내둘렀던 강렬한 기억이 저의 '행사' 챕터 안에 여전히 각인되어 있습니다.

이 행사는 운 좋게 긍정적인 결말로 이어졌지만 그렇지 않은 경우도 많습니다. 모든 행사는 일종의 블라인드 연말 시상식이기 때문입니다. 연예인들이 스케줄을 확정해서 진행하는 연말 시상식과 달리 브랜드 홍보 행사는 노쇼가 보통입니다. 생방송인데 누가 얼마나 안 올지 모르니 그야말로 긴장의 연속이죠. 때론 수명이 단축되는 것 같은 돌발상황이 발생하지만 홍보인이라면 행사 자체를 피할 수는 없습니다. 왜 그럴까요? 바로 '경험'이라는 모멘텀을 통해 우리가 짠 새로운 판, 브랜드 이슈를 온전히 흡수할 수 있는 절호의 기회이기 때문입니다.

매체를 예로 들면, 기자들은 하루에 300~400개 이상의 보도자료를 받습니다. 그중에서 기자들이 열어보는 것은 몇 개나 될까요? 단언컨대 절반도 안 될 겁니다. 하지만 미디어 행사를 통해 우리 브랜드를 '체험'하게 한다면 어떨까요? 보도자료에 대한 이해도가 올라가니 이후에 기사 게재 가능성도 높아질 겁니다. 미디어 행사 초청 과정에서 네트워크를 쌓아가는 건 말할 것도 없고요.

이런 장기적인 접근과 다르게 실무적인 이유도 있습니다. 행사는 단기간에 미디어 또는 SNS 상의 노출 커버리지를 폭발적으로 높일 수 있는 효과적인 방안입니다. 특히, AISAS[일본의 광고대행사 덴츠Dentsu가 2004년 제창한 소비자행동이론. Attention(주의환기)–Interest(관심유도)–Search(검색유입)–Action(구매행동)–Share(경험공유)의 단계로 구성됩니다.]에서 검색 단계에 대비하기 위한 브랜드 콘텐츠 시딩에 매우 효과적이죠. 많은 브랜드들이

거금을 들여 연예인을 섭외한 후 언론매체의 사진부를 초청하거나 인플루언서 행사를 하는 이유가 여기에 있습니다. 온라인상에서 신규 이슈 기반의 브랜드 콘텐츠를 세팅해놓기 위함이죠.

피할 수 없다면 즐기라고 하지 않던가요. 10년 이상 이 일을 해온 저도 돌발상황과 변수 앞에선 걱정부터 앞서지만 핵심만 잘 숙지하고 있다면 잘 해결할 수 있다고 믿습니다. 기억해야, 아니 무의식적으로 몸과 마음에 항상 품고 있어야 할 행사의 핵심은 2가지입니다.

행사의 완성은 주최측이 아니라 참석자

"무슨 기준으로 초청한 거예요?"

"김영란법 위배 소지 없는 거 맞아요?"

미디어 행사 초청을 진행하면 어김없이 돌아오는 질문입니다. 특히, 김영란법이 적용된 이후부터는 '취재의 권리'가 모두 동등하게 제공되었는지가 중요한 화두인지라 미디어 행사 초청 과정은 아무리 심혈을 기울여도 잡음이 발생하죠. 참석을 원하는 매체를 모두 초청하기는 물리적으로 불가능하니까요.

그렇다고 인플루언서 행사는 뭐 다른가요? 부르는 게 값이고 콘텐츠 분야도 주관적이라 협상의 여지가 많은 만큼 협의해야 하는 부분도 각양각색입니다. 특히, 마이크로인플루언서 여러 명을 초청하는 행사는 소속사가 없어 개별 컨택을 진행할 때가 많고, 이런 경우 단가가 노출될 우려가 있어 살얼음판을 걷기도 하죠.

그럼에도 불구하고 우리는 이 사람들이 꼭 필요합니다. 우리의 타깃들이 이들이 제공하는 '체험'을 '가치 있는 정보'로 받아들이기 때문입니다. 우리의 타깃들은 바쁘고 합리적이기에 자신의 라이프스타일에 적용하기 전 '미리보기'를 하고 싶어하죠. 그래서 인플루언서와 미디어들은 중요합니다. 그들을 동경하거나 신뢰해서라기보다 앞선 경험을 충실히 그리고 상세하게 공유할 수 있는 사람들이기 때문입니다.

그래서 '누구를 초청할 것인가'는 행사의 성격을 결정짓는 근원적인 질문입니다. 주최 측host이 아니라 초청자guest에 따라 행사의 성격이 달라진다는 점이 재미있지 않나요? 일례로 국내 유통 회사에서 비건 식품 브랜드를 론칭할 때였습니다. 당시 인플루언서 대상 브랜드 클래스 캠페인을 진행하며, 초청 타깃을 선정할 때 한 가지 주의사항이 있었습니다. '비건 인플루언서에 한정하지 말 것.' 제품과 브랜드가 '비건'이기는 하지만 타깃을 한정하고 싶지는 않았고 브랜드의 지향점은 '비건이 아닌 사람이 먹어도 맛있는 식품'이었기에 특정 세션에는 비건 인플루언서를 제외하고 초청을 진행했습니다.

참석자를 움직이게 하는 건 어쨌든 콘텐츠

메일 초청장을 발송하고 응답 요청을 하며 함께 진행해야 하는 일이 있습니다. 바로 행사의 본질, 콘텐츠입니다. 홍보인이 빈번히 접하는 미디어와 인플루언서 대상 행사의 콘텐츠는 크게 2가지로 나눕니다. '연사와 스피치 자료' 그리고 '체험 세션'입니다.

먼저, 연사와 스피치 자료는 말 그대로 브랜드의 대변인 또는 외부 연사가 주제에 대해 발표하는 자료를 말합니다. 산업 트렌드 또는 브랜드에 대한 소개자료를 포함하겠죠. 일반적인 내용이지만 이 또한 중요합니다. 어찌 됐든 문서로 작업물을 송출하는 기자라는 업의 특성상 이 콘텐츠가 1차적인 결과물로 이어지기 때문입니다.

그럼 '체험 세션'은 무엇일까요? 기자 또는 인플루언서가 실제 '체험'할 수 있는 시간을 의미합니다. 호텔 브랜드의 경우는 시설을 돌아보는 '인스펙션', 식음료 브랜드는 '시식', 가전 브랜드는 '쇼룸 투어', 뷰티 브랜드는 '메이크오버 쇼' 등 게스트가 브랜드 이슈를 직간접적으로 경험하며 궁금증을 현장에서 해소하는 콘텐츠를 뜻합니다. 실제로 국내 최대 가전 브랜드 중 하나인 A 기업도 매해 브랜드 신규 라인 론칭 시, 연사 콘텐츠는 메타버스로 진행하되 2부 세션은 플래그십 스토어에서 도슨트와 함께 쇼룸을 투어하는 식으로 진행합니다.

남는 건 결국 사진, 경험의 시각화

"걸려? 안 걸려?"

"예뻐? 안 예뻐?"

말만 들으면 어디 여행지에 온 것 같지만, 행사 리허설 때 많이 하는 소리 중 하나입니다. 포토 스폿을 비롯해 브랜디드 스폿을 점검하며 나오는 대화죠. '몸이 10할이면 눈이 9할'이라는 말이 있습니다. 비단 옛말이 아닙니다. 행사는 결국 '무엇을 찍히게 할 것인가'의 싸움이니까요.

하지만 모든 브랜드에게 '시각화'가 쉬운 건 아닙니다. 오디오북을 예로 들어볼까요? 제가 맡았던 고객사는 '전문 성우'가 오디오북을 읽어주는 것이 강점이었습니다. 이 강점을 체험하게 하고자 기자간담회에서도 성우를 직접 모셔 '라이브 청음'을 짧게 진행했죠. 사실 라이브 청음 자체도 의미가 있었지만, 성우가 리딩하는 장면을 촬영하게끔 하는 목적이 더 컸습니다. 브랜드 특성을 고려했을 때, 유일무이하지만 가장 핵심적으로 시각화할 수 있는 브랜드 자산이었기 때문입니다.

여행 가면 흔히 '남는 건 사진'이라고 하죠. 브랜드 경험을 설계하는 행사장도 마찬가지입니다. 가장 효과적인 경험의 공유는 흔한 말로 '인증샷'이니까요. 그래서 우리는 행사장을 구성할 때, 모든 장소 곳곳에서 '경험의 시각화'를 고려합니다. 이 브랜드 행사장을 입장하면서 나갈 때까지의 경험을 시각화해 시뮬레이션함으로써 어색하거나 예쁘지 않은 것을 걸러내는 식이죠. 그래서 생수병 하나, 냅킨 하나도 허투루 놓지 않습니다. 브랜딩이 된 냅킨이면 꺼내놓고 그렇지 않으면 홀더에 꽂아놓죠. 연사 뒤에 붙어 있는 로고 스티커도 마찬가지입니다. 1부, 2부에 등장하는 각 연사 키가 몇 센티미터인지 그래서 어디쯤에 스티커를 붙여야 사진 촬영 시 로고가 가려지지 않고 잘 나오는지 체크합니다. 그뿐인가요. 포토월은 인스타그램에서 1:1 규격에 맞게 찍으면 예쁠 만한 위치에 미리 발자국 스티커를 붙여놓죠.

혹시 브랜드 행사장에 초청받으셨나요? 그렇다면 주변을 한 번 둘러보세요. 여러분의 눈길이 닿는 곳, 발길이 닿는 모든 곳에 홍보인의 손길이 닿아 있을 겁니다. 지금 그 포토월은 그냥 그곳에 있는 게 아니니까요.

물론, 이런 행사 준비와 운영 그리고 실행은 쉽지 않습니다. 오죽하면 코로나가 터지고 유일하게 좋은 일이 행사 없어진 거라고 했을까요. 하지만 저는 이런 힘듦 속에서 희열을 느낀 적이 더 많았습니다. 인플루언서 인증샷 속 내가 섭외한 셀럽, 취재 사진 속 연사가 들고 있는 마이크의 로고 POP, 기자 리뷰 섹션의 생생한 체험기, 인플루언서가 올린 기프트 인증샷 등 결과물로 올라오는 콘텐츠 하나하나에 모두 내가 영향을 미쳤다는 것이 크나큰 성취였습니다. 누군가의 삶에 0.000001퍼센트 정도라도 영향을 미칠 수 있는 콘텐츠에 제가 있었던 것이니까요.

사전에 아무리 철저히 준비한다고 해도 막상 행사가 시작되면 모든 것이 우리 의도대로 돌아가지 않는다는 생각이 들 때가 많을 겁니다. 어찌 보면 당연한 일입니다. 참석자, 콘텐츠, 포토존 등 행사를 구성하는 많은 요소 중 사람들의 눈길을 끄는 것과 우리의 목적이 담긴 부분은 각기 다르기 마련이니까요. 그만큼 끊임없이 플랜 B를 떠올려야 할 때가 많겠지만, 그렇다고 행사를 준비하는 과정에 소홀하거나 막막함을 느끼진 않았으면 좋겠습니다. 결국 우리 브랜드에 관심을 보이는 사람을 상대하는 일이니까요. 그들보다 한 발자국 앞서 큰 그림, 큰 흐름을 본다는 사실만 명심하면 그 어떠한 돌발상황이나 변수도 막을 수 있을 겁니다.

소비자를 넘어 세계인으로,
더 나은 세상을 위한 커뮤니케이션

국경없는의사회 최여름 콘텐츠 매니저

기업이나 에이전시에서 홍보를 하는 목적은 소비자에게 상품 또는 서비스를 팔아 이윤을 창출하도록 하기 위해서입니다. 그렇다면 NGO의 경우는 어떨까요? '국경없는의사회'에서 햇수로 7년, 콘텐츠 매니저로 2년 차인 최여름 님은 한국 사회에 국경없는의사회의 브랜드 인지도를 높이고, 전 세계의 구호활동을 알리고 있습니다. 한 가지 덧붙이자면, 국경없는의사회의 커뮤니케이션 부서는 세계 곳곳에서 일어나는 분쟁, 전염병 발생, 의료 소외 등의 뉴스를 적극적으로 알리는 '증언 활동'에도 집중한다고 합니다. 이쯤 되면 홍보 활동 자체가 기관의 브랜딩, 공공의 목적과도 맞닿아 보입니다.

NGO라는 소속 기관의 특수성도 홍보라는 업을 규정하는 데 큰 영향을 끼칠 것 같다고 생각합니다. 이렇게 차별화된 환경에서 커뮤니케이션 커리어를 쌓아온 여름 님의 일과 우리의 일은 얼마나 다를까요? 또 콘텐츠 매니저라는 직무가 홍보대행사에서 경험했던 AE의 일과 어떻게 다를까요? 혹시 콘텐츠 매니저를 꿈꾸며 홍보 콘텐츠를 만들고 즐거움을 느끼는 AE들이 있다면, 이 인터뷰를 통해 자신의 미래를 조금은 엿보게 되기를 바랍니다.

Q _ 커뮤니케이션 부서의 콘텐츠 매니저는 무슨 일을 하나요? 하루 일과를 기준으로 구체적인 직무에 대해 듣고 싶습니다.

A _ 아침에 출근하면 구호 현장에서 보내온 PR자료를 먼저 쭉 훑어봅니다. 하루에 적게는 1개, 많으면 10개의 소식들이 들어와요. 국지 분쟁 같은 것은 내용의 민감도 때문에 내부에서만 공유될 때도 있고, 아프리카 대륙에서 홍수나 가뭄 등 자연재해가 퍼지고 있다는 내용도 있죠.

이러한 내용들을 전부 숙지한 후 내부 회의를 거쳐 한국의 상황에 맞게 번역하거나 윤문하여 내보낼 준비를 합니다. 매체의 특성도 고려하는데요, 시급성에 따라 빠르게 보도자료로 내보내기도 하고 그게 아니라면 웹사이트와 SNS 채널을 통해 내보내기도 합니다. 요즘은 영상 매체가 중요해져서 유튜브 영상으로 제작하거나 인스타그램 스토리로만 송출하는 경우도 있습니다.

가끔은 인터뷰도 해요. 한국인 구호활동가가 활동을 마치고 돌아오면 현장 활동 내용을 듣고 정리해서 국내 독자들에게 전하죠. 아무래도 한국인 활동가가 실제로 체감한 내용을 더 관심 있어하시더라고요. 활동가가 환자를 치료했던 일화뿐만 아니라 낯선 곳에서 지냈던 평범한 일상이 큰 호응을 얻기도 합니다.

Q __ 커뮤니케이션 부서에서의 직무 초기에는 링크드인을 담당했다고 들었어요. 이 또한 주요 업무였나요?

A __ 저희 기관에서는 한국에서 구호활동가를 모집해야 하죠. 이를 위해 초기에는 다양한 광고 채널을 고려했습니다. 의사임을 인증해야만 가입할 수 있는 사이트에 광고를 넣거나, 관심사가 다양한 의료진을 찾기 위해 링크드인에서 타깃 광고를 진행했어요. 국경없는의사회 내에서 촘촘히 연결된 해외 지사와 컨택하면서 그러한 매체와 광고에 대한 인사이트를 얻을 수 있었죠. 같은 고충을 겪고 있는 사람들 간의 크고 작은 워크숍을 통해 아이디어와 실행 방법을 공유받고 전수하기도 합니다.

Q _ 얼마 전에 승진했다고요. 오랫동안 국경없는의사회에서 일해왔는데, 그간 진행한 캠페인 중 스스로 가장 성공적이라고 생각하는 캠페인이나 이벤트는 무엇인가요?

A _ 작년부터 이어진 우크라이나 사태가 가장 기억에 남습니다. 공격이 이어지며 수많은 사상자와 부상자들이 발생했어요. 교전 지역에서 국경없는의사회는 환자를 이송하기 위해 직접 의료 대피 기차를 운영하기도 했습니다. 이 과정에서 얻는 정보를 대중에게 알리며 전쟁이 하루빨리 끝나야 한다는 점도 부각했죠. 한국 사무소도 이런 방향에 공감했기 때문에 빠르게 정보를 취합하고 송출하며 대중의 이목을 끌었습니다. 이렇게 긴박감 있는 홍보 활동이 저에게 더 큰 사명감을 주기도 했고, 실질적으로 후원이나 단체에 대한 관심으로 이어져서 뿌듯하기도 했습니다.

AE vs. 콘텐츠 매니저

Q _ 국내 대표 로컬 PR 에이전시에서 커리어를 시작한 걸로 알고 있습니다. 처음부터 홍보 영역에서 일하고 싶었나요? 커리어를 시작하게 된 계기가 궁금합니다.

A _ 미디컴이라는 홍보회사에 신입 공채로 입사해 홍보 일을

시작하게 되었습니다. 대학 시절 커뮤니케이션을 전공하기는 했지만 홍보보다는 광고에 뜻이 있었습니다. 광고회사에서 인턴도 했고요. 배운 것은 많았지만 아이디어로 승부하는 과정이 저랑 맞지 않아서 홍보 쪽으로 진로를 바꿨습니다. 진로를 바꿀 땐 스스로에 대한 이해가 중요하다고 생각하는데요, 저는 언어에 민감한 편이고 자료를 작성해서 피칭하는 데 강점이 있더라고요. 학생 때는 잘 몰랐고 실무에 투입되고 난 후 알게 된 저의 강점을 살려 직무를 전환하게 되었습니다.

Q __ NGO 자체가 목적이 분명하기도 하고 그 수가 적어, 많은 이들이 선망하지만 실제 입사는 어렵다고 알고 있습니다. 과거 재직했던 홍보대행사에서 사회공헌이나 NGO 관련 프로젝트를 진행한 적 있나요? 없다면, 어떤 경험과 경력이 국경없는의사회에서 커리어를 시작하는 데 도움이 되었다고 생각하나요?

A __ 사실 커머셜 업계에서 NGO 업계로 이직하는 경우가 드물긴 합니다. 직장 동료들의 커리어를 봐도 국제 개발이나 국제 협력을 전공한 경우가 많기도 하고요. 하지만 홍보 분야는 대행사에서 이전 경력을 토대로 이직하는 경우도 다수 있답니다. 비율로 따지면 50 대 50 정도 되는 것 같아요.

특히 저는 이전 대행사에서 언론과 디지털을 모두 경험했고, 대기업의 사회공헌 사업을 홍보했던 경험도 있어서 업계에 대해 어느 정도 이해하고 있었습니다. 면접 때도 이 부분을 잘 어필했고요. 대행사에서는 여러 업무를 했다면 인하우스로 와선 디지털 커뮤니케이션 부분만 집중해서 맡았어요. 그럼에도 언론, 행사 등 다양한 범위를 자세히 알고 있어서 순조롭게 협업했습니다.

Q _ 현재 콘텐츠 매니저로서의 생활과 과거 홍보대행사 AE로서의 생활을 비교할 때 가장 큰 차이점은 무엇일까요? 그리고 공통점이 있다면 어떤 것이 있을까요?

A _ 제 브랜드에 갖는 애착도가 다릅니다. 주말에도 자꾸 검색해보고 이슈는 없나 항상 체크하게 되요. 홍보대행사 때는 몇 개 브랜드를 한꺼번에 하다 보니 그 정도의 애정을 갖고 일하기가 쉽지 않았습니다. 일상에서의 큰 차이점은 퇴근 시간이 빨라졌어요. 요즘 대행사도 워라밸을 챙긴다고 들었지만 제가 다닐 땐 칼퇴는 거의 없었어요. 인하우스로 옮기고 나서는 워라밸이 매우 높아졌고요.

Q _ 직무를 이해하는 데 KPI 지표는 단순하면서도 효율적인

접근일 것 같아요. 언론 홍보에서 기사가 몇 건 나왔고, 그중에서 주요 매체는 몇 건인지가 성과로 측정되는 것처럼 말이죠. 콘텐츠 매니저가 주로 보는 KPI 지표들은 무엇일까요?

A _ 콘텐츠 매니저의 주요 지표는 오히려 더 단순한데요, 몇 건의 콘텐츠를 내보냈는지가 메인 KPI입니다. 물론 그 안에서 클릭 수, 인게이지먼트 정도를 측정하기는 하는데요, 디지털 담당자와 약간 엮여 있는 KPI라고 볼 수 있습니다.

Q _ 콘텐츠 매니저, 콘텐츠 마케터, 콘텐츠 브랜딩 등 콘텐츠를 소재로 한 다양한 직무가 생기고 있습니다. 여름 님이 생각할 때, 마케팅과 브랜딩 그리고 홍보는 무엇이 같고 다른가요?

A _ TV 광고 등 전통 매체에서 디지털로 트렌드 주요 흐름이 바뀌는 한가운데에서 직장생활을 하다 보니 느끼는 바가 많습니다. 한동안은 매체에 따라 사람들의 행동과 패턴이 바뀌다 보니 이를 분석하기 위해 매일 트렌드를 탐독했던 것 같아요. 몇 년 지속한 결과, 이 모든 트렌드의 코어에는 '콘텐츠'가 있다고 생각했고요. 사람들이 좋아하는 콘텐츠를 생산할 수 있는 브랜드여야만 이를 통한 홍보, 마케팅, 브랜딩이 쉽게 이어지는 것 같아요.

그런 면에서 국경없는의사회는 정말 멋진 코어 콘텐츠를 가지고 있다고 생각합니다. 가장 도움이 필요한 곳에 의료진이 직접 가서 치료를 해준다니요! 어떤 슈퍼히어로 영화보다 멋지고 이 모든 내용은 사실이니까 더 긴박감 넘치죠. 저희는 이를 바탕으로 여러 매체에 홍보를 진행하고 마케팅의 영역으로 볼 수 있는 후원을 유도합니다. 후원금으로 이 멋진 행동에 도움을 줄 수 있으니 국경없는의사회의 콘텐츠는 계속 진화하고 전 세계적인 호응을 이끌어낼 수 있다고 생각합니다.

Q _ 콘텐츠 매니저로서 이루고 싶은 목표가 있을까요?

A _ 제 자리에서 할 수 있는 일을 열심히 하는 것이 저의 목표고, 국경없는의사회 조직 안에서 성장하거나 NGO 혹은 NPO 섹터에서 홍보 전문가로 계속 성장해나가고 싶습니다.

실질적으로 저희 단체의 보건 분야는 사람들의 건강과 관련된 일에 관여할 수 있어서 더 멋진 것 같아요. 최근에는 애드보커시 Advocacy(차별과 불평등, 부조리에 맞서 누군가의 권리를 보호하고 대변하는 활동) 쪽 업무도 관심 있게 지켜보고 있습니다. 타인을 위해 개인이나 단체 차원에서 목소리를 내는 것뿐만 아니라 정책에 대해 제언하는 등 큰 범주로요. 제가 할 수 있는 영역에서 업무를 확장해나가고 싶습니다.

Q __ 조직 문화적인 측면에서 예전에 일했던 홍보대행사와 현재 근무 중인 국경없는의사회 조직 간의 차이점이 궁금합니다.

A __ 구성원 100퍼센트가 홍보인인지 아니면 몇 명밖에 없는지가 가장 큰 차이죠. 한국에서 대학 생활을 하다가 미국 교환학생이 된 느낌이랄까요.

홍보인들이 모여 있는 대행사 조직에서는 A라는 홍보 건이 생기면 다들 이에 맞는 홍보 플랜을 착착 준비하고 서로서로 이해하는 반면, 내부적으로 너무 잘 알다 보니 잘하고 못하는 부분들이 눈에 선하게 보이죠. 모든 한국 식당에서 김치찌개를 먹을 수 있지만 맛집이 따로 있는 것처럼요. 또 매년 비딩을 통해 클라이언트를 확보해야 하니 그 부담감을 다들 갖고 있고요.

인하우스는 일단 홍보 전담 인력이 한정되다 보니 여러 내부 조직과 커뮤니케이션하는 데 오히려 시간이 더 걸립니다. A라는 홍보를 '해야 한다'라고 내부적으로 설득하고, 이를 위해 예산과 시간을 확보해야 합니다. '돈만 배분하면 다 되는 것 아니야?', '기획 회의를 왜 해야 하지?' 아주 기본적인 질문을 마주해야 할 때는 진이 빠지기도 해요. 좋은 기회를 찾아서 홍보 기획안을 올렸는데 무산되는 경우도 있고요. 또한 대행사와 커뮤니케이션이 잦은데, 내부 커뮤니케이션만큼이나 대행사 커뮤니케이션이 어려운 경우도 많습니다. 내부인이 아니기 때문에 어느 정도 기밀 사항을 지키면서 가이드를 잘 드려야 하는데 이 또한 고충이 따르더군요.

Q _ 반대로 홍보대행사에서 AE로 일할 땐 이해되지 않았지만, 이제는 이해할 수 있는 인하우스 담당자의 입장이 있을까요?

A _ 대행사에서 일할 땐 개인적으로 빠듯한 타임라인이 너무 힘들었어요. 예를 들어 금요일에 업무를 던져주고 그다음 주 화요일에 정리된 파일을 달라는 일이 너무 잦았거든요. 주말까지 근무한 후에 내부 컨펌을 받는 과정이 주중에 바로 이어지고 그런 일들이 계속 반복되다 보니 피로가 많이 누적되었던 것 같아요. 인하우스에 와보니 그러한 일정들이 '어쩔 수 없이 돌아갔구나' 하며 이해되기도 하더라고요. 그래도 그때를 떠올리며 대행사의 입장을 최대한 고려하면서 진행하고 있어요. 저랑 같이 일하셨던 대행사 AE님들도 그렇게 생각하시겠죠?

Q _ 오래전 일에 대한 기억은 미화되기 마련일 텐데요. '그래도 그때가 좋았지'라고 생각하게 하는 홍보대행사 생활의 장점으로

는 어떤 것이 있을까요?

A _ 인생에선 결국 사람이 남는다고 생각해요. 대행사에서는 정말 많은 인간관계를 쌓을 수 있습니다. 클라이언트 임직원, 기자 등 여러 업계의 다양한 사람들을 만날 수 있어요. 대행사 동료와는 잦은 야근과 외근 덕에 끈끈한 팀워크를 쌓았고, 함께했던 즐거운 술자리도 기억에 남아요. 그때 함께했던 사람들과 지금까지도 연락을 하며 지내고 있는데요, 서로 같은 직군에서 일하다 보니 수년이 지난 지금도 도움을 많이 주고받고 있습니다. 그때의 네트워크를 통해 인하우스에 가더라도 쉽게 일을 진행하는 경우가 많아서인지 인하우스에서 채용 시 대행사 출신을 선호하는 것 같고요. 인하우스에서 일할 때도 마찬가지지만 대행사에서는 더욱 작은 인연을 소중히 하고 진심으로 상대와 커뮤니케이션하는 것이 중요하다고 생각합니다.

Q _ 마지막으로 한 편의 영화 리뷰처럼, 여름 님의 인하우스에서와 홍보대행사에서의 커리어를 한 줄로 리뷰해주신다면요?

A _ '대행사는 씨줄, 인하우스는 날줄이 되어 나의 원단이 되었다'라고 말하고 싶네요.

'달이 아름답다' 말하는 이가 가득한 곳에서

겨울이 지나고 봄, 여름, 작심삼일을 열번 씩 해 초고를 겨우 준비했습니다. 출판사와 첫 미팅을 하고 나서 세 번의 계절이 바뀌었지만 아직도 그날의 기억이 생생합니다. 아이템을 피칭하고 이야깃거리를 전달하는 건 늘상 하는 일이건만, 지금까지와는 다른 긴장감으로 약속 시간까지 조정해가며 마음을 다잡고 미팅 장소에 나갔던 기억이 납니다. 그리고 전혀 예상치 못한 질문을 받았습니다. 그때까지만 해도 몰랐어요. 이 책을 만드는 과정이 이날 제게 던져진 질문에 대한 답을 찾는 여정이 될 거라고는요.

"책을 왜 내고 싶으세요?"

잠시 당황했지만 이 책이 '왜 필요한지'에 대해서 피력했던 것 같아요. 잠시 뒤 온화한 목소리로 다시금 돌아온 말은 오랜만에 저를 방황하게 만들었습니다.

"스스로에게 솔직하게, 그 이유를 고민해보시는 게 좋겠어요."

'책 한 권 낸다고 삶이 달라지지는 않지만, 조금 더 다양한 일을 해볼 수 있는 여지가 생기는 것 같다'는 조언과 함께 부드럽지만 강렬했던 미팅이 끝이 났습니다. 집으로 돌아가는 길, 귀에서 세 단어가 계속해서 맴돌았습니다.

'스스로에게 솔직한 이유.'

당연히 고민했어야 했는데, 창피하게도 고민해보지 않았던 것 같아요. 내가 이 책을 쓰고 싶은 솔직한 이유를 말이죠. 서비스를 받는 고객사의 입장에서, 자료를 받는 기자 입장에서, 피드백을 받는 팀원 입장에서 생각해야 한다고 귀에 못이 박히게 듣고 입에 침이 마르게 이야기해서였을까요. 행동의 중심에 '나'는 없고 타깃에게 어떤 혜택이 될지만 고려하는 셈이었죠.

그래서 책을 출판하면 얻을 수 있는 결과물을 살펴봤습니다. '돈'과 '명예'. 거창해 보이지만, '본업 외 소득'과 '브랜딩'의 측면에서 책은 좋은 수단이 되는 것 같았습니다. 하지만 이 이유는 제게 '솔직한 이유'와는 거리가 먼 것 같았어요. '돈'이라기에는 이 책이 엄청나게 팔릴 것이라는 기대가 없고, '명예'라기에는 블로그 글에 달린 악플로도 마음고생하는 제게 출판은 너무 큰 모험이었죠. 그런데도 저는 왜 그토록 이 책을 쓰고 싶었을까요?

이 책을 구성하는 낱글들을 쓰기 시작한 때를 돌이켜봤습니다. 2019년 여름, 휴직 기간의 중간을 지나고 있을 즈음이었죠. 잠 못 이루던 어느 날 새벽 문득 이런 생각이 들었습니다.

'아, 작년 이맘때 새벽에 제안서 진짜 많이 썼는데, 제안서 쓰고 싶다.'

새벽까지 야근하고 제안서를 쓰고 싶다니. 스스로 제정신이 아니구나 싶었지만 일을 그리워하고 있는 저를 발견했죠. 일할 때 일하고 놀 땐 놀 줄 아는 이가 진정 멋진 사람이라고 하던데 저는 그런 그릇은 아니었나봐요. 쉬는 동안 일에 대한 열망을 한동안 글로 풀어냈으니까요. 지난 일에 대한 후회, 격려, 아쉬움, 미움 등을 글로 쓰면서 소소한 행복을 느끼던 즈음, 제 마음에 다정한 자국을 남기는 책을 만났습니다. 눈치 채신 분들도 있으실 거예요.

바로 《마케터의 일》이라는 책입니다. 마케터가 후배를 위해 마케터의 일을 규정하는 책입니다. 정확히 말하면 마케터에게 필요한 역량을 정리해주는 책이죠. 마케터에 국한하기보다는 '일잘러'의 조건을 짚어준 것으로 봐도 될 만큼 종합적인 영역에서 프로로서 1인분을 하기 위한 업무 태도와 센스를 알려줍니다. 처음 후루룩 책을 읽었을 때는 기분이 좋았습니다. 제가 믿었던 가치관들이 일목요연하게 정리되어 있어서 사이다를 마시는 느낌이었죠. 두 번째 읽었을 때는 갸우뚱했습니다. 마케터의 일이라기보다는 직장인의 일 같은데, 이걸 굳이 마케터의 일이라고 한 이유가 무엇일까 싶었죠. 그리고 마지막 세 번째 읽었을 때는 심장이 두근거렸습니다. 홍보 분야에서도 이런 책이 나오면 좋겠다는 생각이 들었거든요.

저는 사실 소리치고 싶었던 것 같아요. 홍보, 누구나 시작할 수는 있지만 누구도 잘하기는 만만치 않은 일이라고, 하지만 자신의 존재감을 뽐내며 성장하기에 홍보만큼 적합한 업도 없다는 것을요. 경험이 콘텐츠고 경쟁력인 요즘 시대에 이렇게 매일 생동감 넘치는 직종이 있다고요.

도제식 산업의 한계를 극복하고자 방법론을 알기 쉽게 준비한다고 했습니다만, 사실 더 큰 마음도 담았습니다. 9년차 홍보대행사 선배의 첫 기획자료도 13번의 빨간펜이 있었다는 사실에 안도

하고, 인터뷰 피칭의 유의사항을 알지 못해 1년 치 욕을 하루에 다 들었던 일화에 위로받을 수 있길 하는 마음이요. 물론, 업무 방법까지 쑥쑥 받아들여진다며 더할 나위 없을 거고요.

책을 준비하며 나름의 답안을 채워갈 수 있어 뭉클했습니다. 부디, 이 책이 홍보 일을 시작하는 분들 혹은 홍보를 업으로 고민하는 분들에게 따뜻한 자국으로 남기를 바랍니다.

'달이 아름답네요'는 일본 최고의 문인으로 꼽히는 나쓰메 소세키가 영어 'I love you'의 대응 번역으로 제시했다는 일화로 유명한 문장입니다. 영어 수업 도중에 학생이 'I love you'를 '나는 너를 사랑한다'로 번역하자 "일본인이 그런 말을 입에 담겠는가. '달이 아름답네요' 정도로 옮겨 두게. 그걸로도 전해질 걸세"라고 말하며 정정해주었다는 일화죠.

'달이 아름답다' 말해주는 이들이 있어 이 책을 끝맺을 수 있었습니다. 사랑한다 말하지 않고 달이 아름답다 말해주어 지치지 않고 앞으로 나아가 마침표를 찍을 수 있었던 것 같아요. 잠든 아이를 눕히고 새벽녘 노트북을 들고 카페로 향하는 나에게 유난이라는 힐난 대신 응원을 건넬 줄 아는 나의 남편. 서른셋 이 글의 시작도, 스물일곱 이 이야기의 시작도 그가 있어 가능했습니

에필로그 _ '달이 아름답다' 말하는 이가 가득한 곳에서

다. 어제인지 오늘인지 구분조차 어려운 매일 똑같은 출근길, '오늘도 즐겁게'라는 구호와 함께 현관에서 피식 웃음이 새어 나오게 해주는 옥희 씨. 당신이 있어 멈추지 않을 수 있었습니다.

'나 대학원 갈 거야', '나 책 쓸 거야' 내가 무엇을 한다고 한들 더도 아닌 덜도 아닌 두 글자의 대답이 돌아옵니다. '그래.' 경령 씨의 조건 없는 지지가 나를 뒷걸음치지 않게 해주었습니다.

2014년 홍보회사 프레인글로벌에 입사한 것이 이 모든 이야기의 시작입니다. 벌써 약 10년 전, 유부녀를 중고 신입급 주니어로 채용하면서 온 마음을 다해 홍보인으로 키워낸 선배들. 선배도, 팀장도 모든 것이 처음이라 미성숙한 사회인인 저를 따뜻한 시선으로 따라준 동료와 후배들. 참으로 고맙습니다.

'달이 아름답다' 말하는 이가 가득한 일터에서 머리와 가슴, 손, 발을 모두 자유자재로 움직이며 성장하는 전문가가 되기를 기원하겠습니다. 오늘도 달이 참 아름답습니다.